U0360680

体育产业发展清华丛书
领导力与创新系列

教导

伍登教练
是怎样带队伍的

［美］ 约翰 · 伍登（John Wooden）
史蒂夫 · 贾米森（Steve Jamison） ◎著

杨斌◎译

清華大學出版社
北 京

北京市版权局著作权合同登记号　图字：01-2019-7757

图书在版编目（CIP）数据

教导：伍登教练是怎样带队伍的 /（美）约翰·伍登（John Wooden），（美）史蒂夫·贾米森（Steve Jamison）著；杨斌译 . — 北京：清华大学出版社，2020.5（2025.4 重印）
（体育产业发展清华丛书 . 领导力与创新系列）
书名原文：Wooden on Leadership
ISBN 978-7-302-55175-1

Ⅰ . ①教…　Ⅱ . ①约…②史…③杨…　Ⅲ . ①篮球运动 – 教练员 – 组织管理 – 经验 – 美国　Ⅳ . ① G841.2

中国版本图书馆 CIP 数据核字 (2020) 第 051137 号

责任编辑：张　伟
封面设计：李召霞
责任校对：王凤芝
责任印制：杨　艳

出版发行：清华大学出版社
　　　　网　　址：https://www.tup.com.cn, https://www.wqxuetang.com
　　　　地　　址：北京清华大学学研大厦 A 座　邮　　编：100084
　　　　社 总 机：010-83470000　　　　邮　　购：010-62786544
　　　　投稿与读者服务：010-62776969，c-service@tup.tsinghua.edu.cn
　　　　质量反馈：010-62772015，zhiliang@tup.tsinghua.edu.cn

印 装 者：三河市龙大印装有限公司
经　　销：全国新华书店
开　　本：148mm×210mm　　印　　张：11.375　字　　数：217 千字
版　　次：2020 年 6 月第 1 版　　　　印　　次：2025 年 4 月第 9 次印刷
定　　价：69.80 元

产品编号：085964–01

体育产业发展清华丛书编委会

编委会主任

杨　斌

编委会成员（以姓氏拼音为序）

鲍明晓　胡　凯　李　宁　史丹丹

王雪莉　徐　心　杨　扬　赵晓春

译者序

我们还缺少一百万个好教练

我以往在给高管项目教授领导与团队课程时，设计了一堂课是来到篮球场上进行的。并不是真的打一场球，虽然我心里很想那样。

我们——我是教授，还有二三十位学员——是要复原和体会很多赛场上的行为，边解析，边练习。一步一步地，就像慢动作，定格。

比如，你漂亮地进了一个球之后该做什么？同伴进了球后呢？发现问题怎么提醒同伴才到位？同伴出现失误了呢？你发生失误了呢？同伴被人抢断下了快攻得分后呢？同伴走上罚球线时，同伴被对手撞倒在地时，同伴急了冲你嚷嚷时，队伍遇上不公平的判罚时，同伴犯规次数过多产生防守顾虑后，你该怎么办？怎么登场亮相，以及怎么离场答谢？甚至，怎么看待观众的支持与反对，以及所谓专家对你们的表现"自认为内行"的点评？诸如此类，还有许多。

参加的都是些中高层经理，或企业家，或干部。有的并不熟悉球赛、运动，甚至是第一次进到一块正规场地中来——我们也借助一些比赛录像，理解反败为胜的一丝可能，体味错失胜局的比痛更痛。也有的以为自己很懂体育、输赢，口若悬河，我们也试着帮助他们把自己的目光从得分的漂亮动作和计分牌上移开，把自己从明星队员的代入幻想中解脱出来。

一连串的反思与练习下来，各有各的体味，动作和身体也许仍然生硬，但思路却因此而打得很开。不仅是重新认识竞技和体育，也看到了从体育运动中学习组织与领导力的些许妙处。电话里家人关心地问起比分，听到是这些内容不禁有些一头雾水：这是要干吗？而参加的学员中不止有一个跟我说："今生再看比赛，眼光从此不同。"

有时候，我们回到教室，还会聚焦于参与其中的一些角色。比如工兵型球员，比如第六人，比如关键时刻的奇兵，比如"老"队员，比如更衣室领袖，也比如你下场休息时递过来毛巾的同伴和伸手拉起对手的那个球员，等等。

教练，是经常会被提到的一个角色。坦率地说，在讨论中，凸显出大家对"教练"这个角色的真实工作与本质的理解太窄、太少。

于是，我就要放个片子给大家看——别以为我会占用课堂时间。课后观影前我会提几个问题供大家带着去看，其中之一就是：什么才是一个好教练？举出十个细节来。

而我，常用"伟大"来形容教练这个角色。

教练，不仅是影响着胜负，决定着球队和球员的命运（不只是一个赛季的命运，很多时候是一生的命运）；不仅是比赛时你看到的那个场边的指挥者，更是要选择队员、组织阵容、勾勒愿景、激发斗志、设计战略、创新打法、调控全年节奏、发觉微小异动、操持枯燥日常、互通球迷声气、打造球队文化、作育队中灵魂、化解人际矛盾、直面无端压力……

教练伟大，超越输赢。伟大教练，选材育人、塑造团队、孕育传奇、鼓舞民心、团结民族。

我笃信管理者们能够从好教练的理念与行动中学到很多，特别是能够加强针对性反省的话。我也常把好教练的真实心得送给当教师的同事，因为很多教导之道，立人达人之道，乐群立群之道，相通而极富启发性。

比如，好教练有一种 tough love（苛爱），懂得合适的方式、时机、尺度来拉伸（stretch）队员的能力、品格使他们得到发展。比如，好教练懂得 read people to lead people（知人善任），让不同的队员发挥他们独特的贡献，而不打算标准化每个人。比如，好教练并不一定出身于最优秀的队员，但对 emotions and relations matter（重情情重）的队员富有同理心，常常能够以共情共识的方式让队员不仅觉得有理有力，更觉得有情有义。比如，好教练会让队员觉得自己是一片天，不是笼罩在他们上空决定着阴晴的老天，而是让队员能够尽情成长、尽力发挥的自由的天。

我也多次不厌其烦（也不怕别人厌烦）地推荐那几部教育电影给刚刚进入教师岗位的同事，包括《死亡诗社》。

雪莉老师自打张罗起体育产业发展研究中心后，就一直很积极地在出书传经，引智兴风。我算是这套丛书的忠实读者，每读都有收获，也常反馈意见。于是，她便撺掇我也上手参与，于是，花了很久才有了您翻开的这本《教导》。也特别感谢中国篮球协会和姚明主席给了我一次宝贵的机会，给中国各大俱乐部的主教练们专门做了一次"教练的组织与领导之道"的专题分享，听取了身经百战的教练们的真知灼见，他们尤其表达了对于《教导》一书中文版的期待，也更进一步激发了我的动力。

带着问题，向先进学习，会有很大价值，毕竟，跟体育发达国家相比，中国的体育产业真的是小荷才露、方兴未艾，但也充满生机，未来不可限量。怎么思考这个未来呢？我常想起贡布里希所说的"实际上没有艺术这种东西，只有艺术家（artists）而已"。这句话有它的语境和深意，译成中文时，我想，对 artist 这个词的恰当理解也很重要。中文里头，成为"家"是个大事体。运动家（sportsman），那得是个人物才行。其实，不是，也不该。实际上没有高不可攀的体育这种东西，实际上也没有运动家这回事，只有运动起来的你我而已。运动是人人的事儿，体育是天天的事儿，没有门槛，不为赢输，各自表达，总在进步。

而同样的，教练实际上也是每人每天的事儿。即使仅仅考虑与体育、运动有关的狭义教练，我们也缺至少一百万个。工作之余去教练自己的孩子、孩子的伙伴等，小学、中学、大学在体育课程之外的各种运动、比试……都需要教练，都需要好教练。而倘若考虑更宽广的领域（人生就是一幕幕的练习与上场，配合与得分，季复一季，代复一代）中的教练角色，行 coaching 之责，兴 coaching 之义，则恐怕好教练的需要就更为广泛，何止一百万，真就是人人！

说回到作者，体育史中的传奇人物伍登教练，关于他的金字塔，大家可以在先不搜索不剧透的情况下阅读学习。对年轻的中国读者来说，他的传奇已经久远，今人未必了解，这样反而有种平视的好处。我并不否认篮球迷、体育爱好者会有特殊的阅读愉悦，但这本书是写给远远更大范围的读者的。甚至，不只体育，还有人生。

《教导》作为伍登教练的心法与真经，体育故事、教练方法论都不过是个叙述载体，字里行间分享出来的，却是跨越所有行业、不同时代的人生至味。在战胜、征服、控制与第一被当作伟大的世界上，"竭尽全力，达己最佳而感到自足，由此得至内心平静，谓之成功"——伍登教练的这种成功观乃至人生观，值得每个人深思自问。

人，首先是自己的教练。伍登说的，他都做了。你读过后，动起来吗？

加油！一起！和自己赛跑的人！

杨斌

清华大学经济管理学院教授、领导力研究中心主任

2020 年 6 月

丛书序

开卷开步开创，发展体育产业

半年前，得赖于一批忠诚母校、热心体育的校友的支持，以及英迈传媒的带头出力，清华大学体育产业发展研究中心成立，希望能够充分发挥清华大学学科齐全、人才密集、体育传统深厚的优势，创造性地开展研究，发挥体育产业一流思想与行动平台的作用，为落实国家体育产业发展战略、推动体育产业升级及企业发展提供智力支持。

中心筹建之初，就发现虽然国家把体育产业作为绿色产业、朝阳产业加以培育和扶持，政府官员、专家学者和实践者也已经达成共识，认为体育产业将会成为推动中国经济转型升级的重要力量,但遗憾的是,毕竟中国的体育产业尚在起步期,呈现价值洼地、人才洼地和研究洼地的现状。因此,中心决定与清华大学出版社合作,策划出版"体育产业发展清华丛书",组织专家团队选书、荐书。在出版社的大力支持和密切配合下,令人高兴的是,中心成立半年之后,丛书首批已与读者见面。

"体育产业发展清华丛书"计划分批、分层次地出版体育产业相关的书籍,既包括引进版权的国际经典著作,也包括国内学者原创的对于体育产业发展和体育管理方面的真知灼见;既有对于具体运动项目的精准聚焦研究,也有结合某一体育管理领域的深度剖析探查。我们相信,只要开始第一步,踏实耕耘,探索创新,日积月累,坚持下去,这套丛书无论是对促进体育产业的研究,还是对指导体育产业发展的实践,都是有价值的。

清华大学的体育传统非常悠久。马约翰先生曾经说过:"体育可以带给人勇气、坚持、自信心、进取心和决心,培养人的社会品质——公正、忠实、自由。"在庆祝马约翰先生服务清华五十年的大会上,蒋南翔校长特别号召清华学生"把身体锻炼好,以便向马约翰先生看齐,同马约翰先生竞争,争取至少为祖国健康地工作五十年"。2008 年,时任清华大学党委书记的陈希同志说过:"五十年对一个人来讲,跨越了青年、中年和老年,为祖国健康地工作五十年,就是要在人生热情最高涨、精力最充沛、经验最丰富的各个阶段为党和人民的事业作出贡献。"中心成立这半年来,国家先后发布

《全民健身计划（2016—2020 年）》和《"健康中国 2030" 规划纲要》，国民强身健体、共建健康中国，成为国家战略。"为祖国健康工作五十年"这种清华体育精神在当下绝非赶时髦，而是清华体育传统的强化与传承。

清华体育，在精神层面也格外强调 sportsmanship（运动家道德）的传统，这里回顾一下老清华时期的概括：承认对手方是我的敌手，不在他面前气馁也不小视他；尽所能尽的力量去干；绝对尊重裁判人的决定，更要求学生"运动比赛时具有同曹互助之精神并能公正自持不求侥幸"。据我所知，许多企业的核心价值观中亦有 sportsmanship 的表达，甚至直接就用这一词语作为组织成员的行为规范（如韩国 SK 集团）。当我在"体育产业发展清华丛书"中看到描述体育产业中的历史追溯、颠覆创新、变革历程以及行业规范时，这个词再次浮现在眼前，这其实既是商业的基本规则和伦理，也是产业成长的核心动力和引擎。

体育产业发展，需要拼搏精神，需要脚踏实地，来不得投机，也无捷径可走。因此，中国的体育产业发展，就更需要所有利益相关者多些培育心态，方能形成健康的生态共同体。同时，体育产业发展，需要尊重规则和规律，无论是运动项目的发展规律，还是商业活动的规则、规范；无论是与资本握手的契约精神，还是商业模式中利益相关者准确定位的角色意识。我很希望"体育产业发展清华丛书"能借他山之石对中国体育产业发展的路径和模式有所启发，能用严谨、规范的研究和最佳的实践案例对中国体育产业与体育管理的具体问题有所探究。

每一步，都算数！无体育，不清华！

杨斌

清华大学经济管理学院教授、领导力研究中心主任

2016 年 12 月

序 言

这一路繁花似锦

领导力的馈赠绝不仅仅是在竞争中脱颖而出。至少，在我看来如此。

我从领导力中获取的愉悦和满足感——教导与帮助他人，与他们一起努力，竭尽全力达成团队的共同目标——这无疑要比打败对手、获得名次甚至是夺得总冠军来得更加重要。哪怕是伴随功成名就而来的公众关注也相形见绌。

实际上，正是伴随着 UCLA 的成功一道而来的那些喧嚣嘈杂和过度的关注最终让我远离了执教生涯。

1975 年 3 月 29 日，星期六晚，UCLA 与路易斯维尔大学的 NCAA 季后赛半决赛在圣地亚哥体育场开打。随着比赛的进行，我暗自下决心还要作为棕熊队主教练在这个赛场上继续待上两年，或者是三年。

有人却不这么认为——他们说我曾表示会在赛季结束后离开棕熊队。或许他们真的知道点儿什么，但我从没这样打算过。然而，紧接下来发生的事来得太快，且毫无预兆。

比赛结束的哨音吹响后，我和路易斯维尔大学的主教练丹尼·克拉姆（Denny Crum）互相表示祝贺，这是一场几近完美的比赛。随后，我向新闻室走去，准备接受常规赛后访问。

终究，还是有麻烦找上了我。41 年的教练生涯里，我头一次产生了那种近乎厌恶的情绪，我知道我没有办法再忍受这一切了：所有那些提问和回答，以及仿佛永无休止的臆测和打量。我的日常生活中充斥着吵闹的人群和他们毫无意义的喋喋不休，不光是那些"尽职尽责"的记者，甚至还有不少圈外人。

如果一个人的工作得到了肯定，那么他应该心存感激，我也不例外。然而，UCLA 在篮球方面所取得的成绩仍旧带给了我始料未及的东西——我从来没有期待过得到这些，也不想得到，但最终，我却没有办法摆脱它们——过度的关注、检视、好奇，这一切不单单令人愤怒，同时也令人深感不安。

我越来越觉得那些观众、那些人群正在逐步向我逼近，他们妄图揭露我的一切。我仿佛永远被这些人包围着。他们狂热的举动和关注令人倍感不适，这一点儿也不正常。

在某次教练会议期间，我被请求站在会议大厅外等待发言，因为只有这样才不会"抢风头"，毕竟应邀的发言嘉宾还有其他教练。我变成了一种令人分心的存在，一种打扰，是需要被特殊对待的人——我被隔离在教练圈子之外。我成了一个名人，但我从没想过要成为一个名人。我只想当一名普通的教练和老师，和我的同行们待在一起。而如今，我被请求站在门外，而其他的教练、老师和领导者在门内齐聚一堂，没有我的位置。

如果这是一个梦，第二天醒来时我会说我做了个可怕的噩梦。然而，这一切都是实际在发生的事。

我是谁？我只是一个老师——是这一伟大职业中的一分子。虽说我的教学取得了不错的成绩，但在这一过程中也引发了太多不必要的关注，最终让我选择离开。

我必须摆脱这一切。恐怕在我同克拉姆教练握手那会儿还没有这种想法，而就在几分钟之后，我告诉我的队员，下一场比赛将会是我执教的最后一场比赛。

我曾多次同那些感兴趣的评论员讲，如果会魔法的精灵可以赐予我两个愿望，我会做些什么。

首先，我希望所有那些我尊敬和爱戴的教练都能捧回一座全美总冠军奖杯。

其次，对于仅有的那几位和我不太对付的教练，我则希望他们的总冠军奖杯拿得越多越好。当然了，平心而论我不确定自己是否真的希望谁遇到这种事。

无论我们做什么事，保持平衡都非常重要；爱亦如是，它是我们生命中最为宝贵的东西之一。在我的领导实践和执教生涯中，我力求保持平衡，并教导他人：做事要想全力以赴，保持平衡至关重要，包括身体、精神和情绪的平衡，无论我们身处何地，无论我们在做些什么。

不幸的是，我执教 UCLA 的最后几年里，一切开始失衡。或许我潜意识里已经发觉，唯一能令我找回平衡——无论是个人层面还是职业层面——的方法就是离开我热爱的这个球场。

如果精灵能够准许我许下第三个愿望，我或许会请求让所有那些喧嚣嘈杂都消失，只留下普普通通的训练。在这些训练里，我的教学和执教理念，我的领导力实践才能够以一种纯粹且恰到好处的方式存在和开展，没人会说三道四。

在训练中激发他人发挥自身最大的潜能最能带给我愉悦和满足感。归根结底，我相信这才是领导力的终极意义所在：帮助他人在实现组织目标的过程当中取得自身的成就。

本书的主旨正是要告诉你如何去做到这一点——至少，它会告诉你我是如何培养自身领导力的。

能够在领导位置一干 40 年，是一种莫大的荣幸。我无比怀念那些在训练场上与队员一同努力的日子，在全力以赴的过程当中，闪现的那些激动人心的瞬间——"在需要时，拿出你最好的水平"。对我来说，作为一名领导者，这段与球队成员一道追寻做最好的自己的旅程才是最难忘的经历。

无比怀念那一路的繁花似锦。我由衷地希望本书可以为你提供一些有价值的方法，适用于你自己的领导力旅程。如果这些方法起作用了，我会非常欣慰。愿诸君一路顺遂。

约翰·伍登

前　言

艾伯特·爱因斯坦（Albert Einstein）博士和约翰·伍登教练都拥有一种睿智——他们都掌握了如何将事情简单化这门精巧复杂的艺术。爱因斯坦博士将核聚变的种种复杂状态归结为一个透露着优雅质感的简明公式：$E=MC^2$，而对于伍登教练来说，先后10次夺得全美总冠军的秘诀同样也体现在一个简单的等式中：$10=C+F+U$（状态＋技术＋团队精神）。

看上去好像很简单，实际却不然。

即便你了解了他们两人——一位伟大的科学家和一位伟大的领导者——的"秘诀"公式，但你想成功释放出原子能依旧是不切实际的想法，更别提拿下10个全美总冠军了。我们或许要穷尽一生的时间才能真正参透这些简单公式的本质。通过将约翰·伍登的领导才能一一展现，本书将为你节省些时间，你会从中找到最适合的方式，将这些领导智慧运用到自己的组织中去。

多年来，我与伍登教练合作了不少书籍和其他项目，人们经常会问："他的秘诀到底是什么？他是如何做到的——10个全美冠军（创下了纪录），包括7次蝉联冠军（创下了纪录）、88场连胜（创下了纪录）、38场季后赛连胜（创下了纪录）以及4个完美赛季表现（创下了纪录）。在41年的执教生涯中，伍登仅仅输掉了一个赛季的比赛——在他当教练的第一年。他究竟是如何做到这一切的？他是如何创下这些辉煌的纪录的？"

答案是：伍登教练善于培养球员良好的习惯。就这么简单，这就是答案。

只要是约翰·伍登执教过的球队，他都会帮助球员们养成良好的习惯，无论是代顿（肯塔基州）中学、中南本德高中、印第安纳州立师范学院，还是加州大学洛杉矶分校。伍登教练一路秉承着这一执教风格，直到他成为成功球队最杰出的构建者之一，让全世界为之侧目。

本书将会为你阐明这些"良好习惯"的内在特质，指导你如何将其运用到自己的组织管理中去。

本书中，约翰·伍登将向我们讲述他的领导理念是如何一步步演变的，以及他为打造成功的球队和组织所专门构建的一套哲学。你会发现，如同 $10=C+F+U$，这些内容都非常简单明了——但也仅仅是看上去简单而已。

一番深入探索后，你会发现，抛开这一等式，伍登的"良好习惯"实则涵盖了异常丰富的内容：价值观、知识、团队精神、自律、持之以恒、原则、理想、平衡、品行、细节、努力、爱、自控、忠诚、勤奋等，甚至还包括如何快速地穿好袜子。

约翰·伍登的"秘诀"为何如此令人信服？答案在于，那些他所具备和教导的优秀品质——那些良好的习惯以及培养良好习惯的方法——我们每个人都可以借鉴。

不涉及专利申请或著作权法，更没有什么"禁入"的标识妨碍你使用他的领导力"秘诀"。用网络流行语来说，它们属于"开放的源代码"。伍登教练本人也直截了当地写道："你所需要的仅仅是认真审视内心的意愿。"

每个人都可以去了解伍登教练所教导的东西，以及他的教授方法；在本书里，你会找到想要知晓的一切——《教导》。

史蒂夫·贾米森

感　谢

感谢内莉（Nell）和我们的女儿南希·伍登·米尔豪森（Nan Wooden Muehlhausen）、儿子吉姆·伍登（Jim Wooden），还有我们可爱的孙子（女）们和曾孙子（女）们；感谢沃德·兰伯特（Ward Lambert）教练、格伦·柯蒂斯（Glenn Curtis）教练、厄尔·瓦里纳（Earl Warriner）教练以及许多优秀的球员、助理教练、我们的球队训练员和学生经理——感谢他们在追求成功的道路上与我一同付出的努力。另外，我由衷地希望《英尺和英里：通往成功的旅程》（*INCH and MILES, The Journey to success*）一书能够得到你们的肯定，在

21 世纪，我会同全世界的孩子们分享我的成功金字塔。

——约翰·伍登（John Wooden）

谨以此书献给：

我的父母，玛丽·简（Mary Jane）和埃弗雷特·埃德斯特隆（Everett Edstrom）以及我的姐妹们，帕特（Pat）、克里斯蒂安桑（KRS）、凯特（Kate）和金姆（Kim）。

——史蒂夫·贾米森（Steve Jamison）

还要特别感谢杰弗里·克雷默（Jeffrey Krames），他在比赛关键时期给予的指导意义非凡。

推荐语

约翰·伍登写作本书的目的是探讨如何打造一支打胜仗的队伍，其名为《教导》。本书是伍登教练为成功所描绘的蓝图，它适用于各个领域的领导者，包括商业和篮球。经过这些年，我终于有所明悟究竟是什么成就了伍登教练的出众，他如此特殊的原因，以及他缘何会称"你是我指导过的最迟钝的学生"。《教导》向你揭示背后所有的故事。

——比尔·沃顿[①]（Bill Walton）

[①] 连续三年被评为美国大学最杰出球员，入选美国篮球名人堂，大学时代伍登教练为其打下良好的技术基础。

目　录

第一部分
领导力的基础

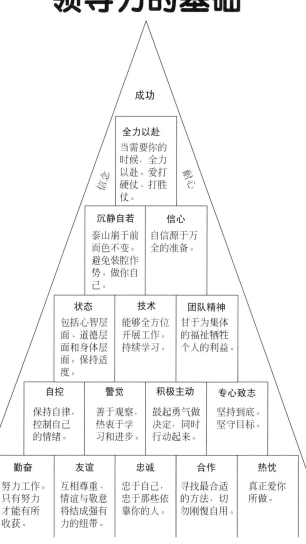

成功

全力以赴

当需要你的时候，全力以赴。爱打硬仗、打胜仗。

信念

信心

沉静自若

泰山崩于前而色不变。避免装腔作势。做你自己。

信心

自信源于万全的准备。

状态

包括心智层面、道德层面和身体层面。保持适度。

技术

能够全方位开展工作。持续学习。

团队精神

甘于为集体的福祉牺牲个人的利益。

自控

保持自律，控制自己的情绪。

警觉

善于观察，热衷于学习和进步。

积极主动

鼓起勇气做决定，同时行动起来。

专心致志

坚持到底。坚守目标。

勤奋

努力工作。只有努力才能有所收获。

友谊

互相尊重、情谊与敬意将结成强有力的纽带。

忠诚

忠于自己，忠于那些依靠你的人。

合作

寻找最合适的方法，切勿刚愎自用。

热忱

真正爱你所做。

导　言

"竭尽全力，达己最佳而感到自足，由此得至内心平静，谓之成功。"

1932年9月5日，我正式成为伍登"教练"。那是一个星期一的下午，肯塔基州代顿中学美式足球队常规训练的第一天。那时我才21岁，刚从普渡大学毕业，主修英语，辅修诗歌，结婚才一个月。

代顿中学的董事会每年支付我1500美元的薪水，其中1200美元是担任英语教师的薪资，另外300美元是担任美式足球、篮球和棒球教练的薪资。尽管在薪水方面有着明显的分配不均，但大家都明白我可不是来当什么英语老师的，学校找我来是要做教练——那时候常用这种方式来解决问题。

如果一定要问的话，学校领导就会告诉你"约翰·伍登——三度当选全美优秀大学篮球选手、十大联盟得分王以及全美总冠军普渡大学锅炉工篮球队成员——来代顿当然不是为了教英语，我们看中的是他在教练和领导力方面的才能"。可惜他们错了。

我可能更适合教英语，比如教莎士比亚、拼写、诗歌甚至是标点符号的使用。实际上，毕业前，我曾收到印第安纳州普渡大学西拉法叶校区的邀请，他们需要一位英语教授，还为此提供了助学金。

我差点就答应了。可那时，内莉和我都想早点结婚，组建一个家庭，而普渡能提供的助学金数额不足以负担我们两人的生活。如果我坚持单身的话，我想我就会接受这份工作，当个英语教授，而非一名全职教练。

正因如此，当代顿中学带着满满的诚意而来——年薪1500美元——这在当时来说已经算是相当不错的收入了，我迅速和内莉完婚，随后便奔赴我的新职位。代顿用这笔钱换来了一位不错的英语老师，以及一名糟糕的教练。然而，在那个星期一下午，当我信心满满地吹响口哨开启训练时，我以为我清楚地知道自己在做些什么。

两周后，我就放弃了执教美式足球队。

人不能忘本

我是一个有竞争意识的人。自打记事起，我就有极强的好胜心——无论是作为印第安纳州一个年轻的篮球选手，还是后来成为一名教练带领球队争夺全美总冠军——我要赢。

尽管我在运动方面有些天赋，但如何做一名合格的教练我却是在后天慢慢学习而来的。事实上，我曾是个非常腼腆的年轻人，你可能无法想象将来我会变成一名教练、一位领导者，站在一群个性鲜明且拥有独立思想的人面前告诉他们该做什么，以及如何去做。我必须克服那种羞怯的心理。

在我看来，领导力这个东西大部分是靠后天习得的。诚然，并不是每个人都具有领导才能，也绝非每位领袖都能荣耀加身，但确实大多数人都比我们自己想象中的更具有领导潜质。

只要认真学习，你也可以成为优秀的领导者，甚至是出类拔萃的领袖人物。我之所以这样讲，是因为在我自己的人生中，已经证明了这一点。我所掌握的全部关于执教和领导力的技巧，都来自这一路上的倾听、观察、学习以及反复的尝试。

大部分领导者都是通过类似的途径不断取得进步的。就我个人来说，领导力的学习持续了四十多年之久，直到1975年3月31日，加州大学洛杉矶分校（以下简称"UCLA"）摘得第十个全美总冠军头衔后，我最后一次作为主教练走下球场。但实际上，我的学习过程并没有到此为止。

我年轻的时候其实并没有想过做教练。在农场生活的那些年，我的首要目标仅仅是打败我的哥哥莫里斯（绰号"大猫"），我们会想各种比赛的名目，如绕着谷仓看谁跑得快。大多数情况下莫里斯都是赢家，他的绰号名副其实——他就像猫一样快。尽管如此，我们两个依旧非常热衷于比赛，在这一点上，我想我们和其他人没什么分别，无论那时候还是现在。

美国人的竞争意识或许写进了骨子里。无论是在体育界、商界还是其他领域，他们不但会问"谁是第一"，还想要成为第一。美国人常常按照第一的标准检视自身："我是最大的吗？是最好的吗？是最快的吗？"

然而，大多数时候我不认为这是一个人最该关心的问题。这一点上我受父亲的影响颇深，那时我们一同住在印第安纳州森特顿的农场里，镇上的常住人口大约有 4900 人。

父亲教导的做事原则和价值观一直扎根在我的内心深处，九十多年来，我遵循这些原则和价值观——或者尽力去遵循——来过我的生活。自始至终，我都对父亲的教诲深信不疑，实际在当下，这些原则和价值观的重要性和实用性更胜从前。

正因为有这样一位优秀的父亲和导师，我才能成为一名优秀的领导者。

成功的秘诀

我父亲约书亚·休·伍登（Joshua Hugh Wooden）是个好人，有着坚定的信念，但行事作风很温和。他没正经念过书，仅靠阅读识字，但他将对学习的热爱毫无保留地传递给了四个儿子。我们四兄弟顺利从高中毕业，他非常骄傲，后来我们无一例外又纷纷取得了大学文凭，成为老师——这无疑更加令他振奋。

父亲这一生遭受了不少挫折和悲痛：两个女儿死了、失去了最钟爱的农场、"大萧条"期间财政困难，但他从来没有抱怨、责难或是同那些富人进行攀比。他总是利用手中的一切去努力生活，并心存感激。这是我关于父亲最为深刻的记忆，也是这些年来我力求从他身上学习的东西，我把它们用来指导我的个人生活以及如何去做一名教师、教练和领导者。

父亲不是那种话多的人，他可以玩一整局西洋棋或国际象棋，一句话都不说。但每次当他开口说些什么的时候，那些话往往都很重要。他拥有一种朴实的智慧，深邃却又异常实用。

他对于成功的理解——"winning the race"——在那个时代来说很不寻常，在今天更加和主流思潮格格不入。然而，他的话语却铸就了我的领导力哲学的核心部分，甚至可以说，那是我学习到的唯一的、最为重要的理念，也是我多年的执教生涯中想要传递的一种理念。"儿子们，"他会这样教导我们兄弟四个说，"不要去在意自己是否比旁人强，但永远不要停止追求去做最好的自己。这是你能够控制的事，而其他的东西你控制不了。"

他警告我们，和别人攀比完全是在浪费时间。对于年轻人来说，这是个极富有哲理性的格言。当你慢慢长大后，你会发现想要做到这一点更加不容易。"约翰，尽全力做到最好，"他会说，"只要你做到这一点，你就是成功的。如果你懈怠的话，就会功亏一篑。"我竭尽全力去遵循父亲的教诲。

有些东西不是一蹴而就的，父亲话语中所蕴含的智慧逐渐浸染了我，并最终成为我的一部分。我不仅严格要求自己，同样也严格要求之后我执教和领导的那些球队——肯塔基州代顿中学绿魔队、中南本德熊队、印第安纳州立大学悬铃木队以及 UCLA 棕熊队——我要求球员将精力放在那些我们可以控制的事情上，换句话说，竭尽自己所能，努力探寻精神和体能所能达到的极限。

"winning the race"——父亲的哲学帮助我们一次次击败了对手，我始终相信它的价值所在。一直以来，我也是如此指导我的队员们的，我尽一切努力让他们相信，成功近在咫尺，而你不需要去在意分数、排名或者他人的评价（尤其是他人的评价）。

不要犯错。我们都想赢得比赛，无论是在篮球场、商界还是其他任何竞争性的舞台，胜利无疑带给人莫大的荣耀。

相反，失败是痛苦的，有时甚至是残酷的。每当想起马丁斯维尔中学校队输掉的那场比赛——印第安纳州篮球联赛总决赛最后的那几秒——我依然感到心痛。尽管那至少是75 年前的事了，但每次想到它，那种痛楚依旧清晰如昨。

其实在我看来，失败并不意味着世界末日，好比胜利也无法让我主宰一切——即便是全美总冠军也不行。有某种更加深刻的、比赢得比赛更加重要的东西存在。

Cervantes. "The road is better than the inn."
Robt. Louis Stevenson." To travel hopefully is better than to arrive."

我一直坚信成功植根于比赛的过程：你如何去进行比赛——你的计划、准备、练习和临场发挥——这些因素决定了一切。而输赢不过是你所付出的努力的一个副产品，一个结果而已。对我来说，个人努力的质量最为关键，它能够带给你最大限度的、最持久的满足感。

塞万提斯曾说："与其待在旅店里，不如出去旅行。"他说得没错，可惜大部分人并不能够理解他的意思。感谢父亲让我懂得，真正能够让人感到愉悦的，是探寻自身能力极限的过程，是指引你的组织都去这样做的过程。

我相信大多数伟大的竞争者都有同样的体会。在他们看来，享受竞技的过程才是真正的馈赠，而非胜利带来的收益或荣耀。因而，在我的执教生涯里，我很少——几乎没有——说过"赢"这个字，或者论及"打败"对手，激励某个队伍去争夺第一名，即便是专业人士认为有能力斩获全美总冠军的队伍亦是如此。

相对地，我的言行往往受父亲早年建议的影响——"永远不要放弃追寻成为最好的自己"——它令我的队伍取得成功，当然是我所定义的成功。

我对成功的定义是这样的："竭尽全力，达己最佳而感到自足，由此得至内心平静，谓之成功。"这个定义我是在1932 年的冬天写下的，那年，我开始了在肯塔基州代顿中学的英语教师和体育教练生涯。

这个定义自从头一次写出来后就再也没有更改过，我也不认为现今有更改的必要。成年之后，我一直致力于将它教授给我的队员们，事实证明，它很有效。较之仅仅是赢得比赛，衡量一个人的成功与否其实有更高的标准，那就是你所付出的努力。

> ### 你仅需同自己竞争
>
> 牢记我父亲的建议：把标准定高一点，也就是说，尽最大能力做到最好。注重比赛的过程而非胜利的结果。做那些有利于你发挥的事情，不要过多在意竞争对手。相反，让他们去担心你吧！指引你的组织也这样去做。

高昂起头

每当球队离开更衣室，准备入场前——也许这是他们高中赛季第一场和名为瑞泽斯维奇（Rzeszewski）、克佐罗斯基（Kozoroski）以及史密斯（Smith）的男孩的比赛，又或者是美国大学生篮球联赛（NCAA）冠军赛季最后一场和叫沃顿（Walton）、威尔克斯（Wilkes）和迈耶斯（Meyers）的年轻人的比赛——我对他们说的都是同样的话："当比赛结束后，我要你们都能高昂起头来。想要高昂起头来只有一个方法，那就是在球场上竭尽所能，拼尽全力。"

这就是我对他们的全部要求，因为这是他们能够努力付出的所有。尽最大努力，我在每一场练习赛中都是这样要求他们的，我也是这样要求自己的。

无论以前还是现在，许多愤世嫉俗者都对我父亲关于成功的教导不屑一顾，认为那是天真且不切实际的想法。然而，就个体在超越自我后还能做什么这一问题上，我至今尚未听闻他们和其他吹毛求疵者有何高见。

在我看来，只要你在比赛中竭尽所能、拼尽全力，无论最终的比分是多少，你都不会是一位败者。相反，如果你懈怠了，比分也不会神奇得让你能笑到最后。

当你真正接受这套理念时，它将改变一切：你的赛前准备，临场发挥，以及应对挫折、败北以及胜利所带来的挑战的能力。它令你重新界定成功的意义，并确保你和你的团队成员面对任何一种境况——无论好坏——都有可能获得成功。

同时，我发现，运用这套理念能够极大地提高获胜的可能性——毕竟作为副产品的胜利，是所有竞争者追求的东西。但首先，你必须为自己和你的组织设立一个目标，这个目标不单单是战胜对手，而是无论在任何情况下——好的或者坏的——你都要竭尽全力，将自身的能力、技术和潜力发挥到极限。

有时候，你和你的团队面对的对手会更大、更强、更加专业或有更好的资助。无论你作为领导者所面临的实际情况如何，你必须相信，并且还要让你的团队相信，只要你们齐心协力，竭尽所能，胜利就是属于自己的。这是你能够做到的事，至少这应该是。

然而，我发现，要把我对于成功的定义——我的理念——应用到你的领导模式中并不是一件简单的事情，因为它几乎与我们现今看到的和听到的东西完全相悖，特别是报纸中体育和商业板块的那些内容。无论你相信与否，这和我年轻时遇到的情况一模一样。不管过去还是现在，几乎所有人在意的都是"谁赢了比赛？"但我要肯定地告诉你，只要你付出了全部的、100% 的努力去做到最好，并且引领你的组织也这样去做，你就是成功的。

> **胜利仅仅是一个副产品，把注意力放在真正的产品上：努力**
>
> 我们的社会迷恋胜利和成为第一。但请你不要随波逐流。过程要比结果更加重要。即便在 UCLA 发挥得最好的赛季里——在我们最辉煌的时候——我也从来没有迷恋过胜利，我甚至根本没有提及过这个单词。我所做的，仅仅是尽全力确保所有的球员都发挥出最好的水准，无论是在练习中还是在比赛里。只要你付出了努力，比分自然会把结果显示出来。

成功与否，其实只有你自己知道

1959—1960 年赛季，UCLA 极力挣扎力求令胜率超过五成。事实上，我们必须赢下本赛季的最后一场比赛，才能使

胜负保持在 14：12 上。从输赢的角度看，这应该算是我执教
UCLA 棕熊队以来经历的最糟糕的一年。一些球迷开始抱怨
我们"可怜"的成绩："棕熊队已经陷入困境。"有些人表示：
"伍登在季后赛没可能赢的。""UCLA 根本不会进季后赛。"
持类似观点的人很多，但我却不这么认为。

1959—1960 年赛季不但是一个巨大的成功，还让我倍感
愉悦，尤其是当我回想起知名评论员和体育记者山姆·巴尔
特（Sam Balter）所做的那个预测。在年初谈及 UCLA 的胜
率时，他曾说："UCLA 今年的胜率不可能超过五成，不然我
就去比佛利山庄的奇迹英里（Miracle Mile）用鼻子推花生！"
没有任何人打电话给我说他质疑山姆的预测，因为看上去那
是理所当然的事情。

1958—1959 年赛季，UCLA 在联盟排名第三。然而，五
个首发球员中的四人已经确定无法出场，包括未来的奥运金
牌得主拉福·强森（Rafer Johnson）、丹尼·克拉姆（Denny
Crum）（其后执教路易斯维尔大学红雀队，带领球队两次斩
获 NCAA 全美总冠军）和沃尔特·托伦斯（Walt Torrence），
后者或许是全队最优秀的选手。

我经常说，作为一个领导者，比起那些经验丰富但缺少
天赋的选手来说，我更喜欢有天赋的孩子——哪怕他们没什
么比赛经验。然而，在 1959—1960 年赛季，我们什么都没有。
一些不利条件令我们无法掌控。

几年前，UCLA 和联盟其他一些学校的美式足球队遭遇

丑闻事件：支付给选手的薪酬超过了联盟的规定。涉嫌违规的学校球队被予以警告，惩罚措施包括严格限制球队参加季后赛的资格，例如玫瑰碗。

对 UCLA 的处罚不光是针对美式足球，还波及了包括篮球在内的全部体育项目，尽管篮球队并没有任何违规操作。因而，UCLA 的篮球队一度丧失了参加任何季后赛的资格。那些拥有极高篮球天赋的选手——他们本来可能选择来 UCLA 就读的——毫无疑问纷纷另谋高就。所有这些——缺乏经验、出色人才有限、丧失季后赛资格和其他种种——无不削弱了我们击败对手的能力。

因而，每当我想起 1959—1960 年赛季 14∶12 的胜负记录以及我们曾面临的前所未有的巨大障碍时，我总会认为，彼时我的球队或许见证了我 27 年来执教生涯的巅峰水准。并且，除了我自己，没人意识到这一点。这样就很好。

同时，我也相信，在我的带领下，那些学生球员都近乎发挥了 100% 的潜力，如同后来赛季中一些取得全胜佳绩的 UCLA 球队一样。而在 1959—1960 年打比赛的这群人远不具备夺冠的天赋。但对我来说，冠军并不是衡量成功的标准，最大化发挥了所有个人潜力才是。

回顾我 27 年执教棕熊队的经历，在这一点上我认为没有哪个赛季能够超越球队在 1959—1960 年所取得的成功，我对此深感自豪。

球队近乎完美地完成了将能力发挥到极致这一艰巨的任

务,无论是作为个人还是作为整体。我们团结一致,竭尽所能,无视那些我们无法掌控的东西,而对于那些我们能够掌控的,则力求做到完美。我的球队取得了成功。

当然,评论人士总归少不了抱怨。(山姆最终也没有抽出时间在街上用鼻子滚动那颗花生。)我们获得了成功,然而,除了我们自己之外没有人能够理解这件事。但这已经足够了。

这就好比名声和品格。名声是旁人对你的感知,当然他们的评价也许是对的,也许是错的。品格才是你的本质所在,除了你自己之外没有人能够真正了解。个体自身的认知才是最重要的。

对于 1959—1960 年赛季的比赛,只有我们自己知道我们成功了。4 年后,也就是 1964 年,UCLA 棕熊队成为大学篮球赛历史上为数不多的几个取得 30 场全胜战绩的队伍,并斩获了第一个 NCAA 全美总冠军。彼时,专业人士纷纷表示我终于成功了。他们又一次想错了。

即便与其他教练相比,我或许更加聪明、做事更有效率,但我并不认为球队在 1964 年的冠军赛季中取得的成就比 4 年前更高——那时我们为了保证胜率高于五成,竭尽全力去赢下最后一场比赛。那些评论人士根本不能理解这些,不过他们用来衡量我——衡量我的球队——的那套标准对我来说同样也没什么用。

我自己对于成功的衡量标准才是最重要的。这是我的行事准则,源自父亲在农场对我的教诲。而父亲的教诲反过来又影响了我关于成功的定义。1932年，我在代顿中学写下了它。

这一准则指导着我成年后生活的方方面面，包括我的教学、执教和领导风格，也是我衡量队员成功与否的标准。

```
                    UCLA   BASKETBALL

            John Wooden, Head Coach


                       SUCCESS


Success in coaching or playing should not be based on the
number of games won or lost, but rather on the basis of
what each individual did in comparison with others when
taking into consideration individual abilities, the
facilities with which you had wo work, the caliber of your
opponents, the site of the contests, etc.

True success comes only to an individual by self-satisfaction
in knowing that you gave everything to become the very best
that you are capable of.  As George Moriarty once said,
"Giving all, it seems to me, is not so far from victory."
Therefore, in the final analysis, only the individual himself
can correctly determine his success.  You may be able to
fool others, but you can never fool yourself.

It is impossible to attain perfection, but that should be
the goal.  Less than 100% of your effort toward obtaining
your objective is not success, regardless of how many games
were won or lost.

Others may have far more ability than you have, they may be
larger, faster, quicker, able to jump better, etc., but no
one should be your superior in team spirit, loyalty, enthusiasm,
cooperation, determination, industriousness, fight, and character.
Acquire and keep these traits and success should follow.
```

领导规则

领导他人之前，你必须知晓如何领导自己

告诉你的跟随者们，成功意味着对团队利益全然的努

力、奉献和付出。然后，用你自身的努力和行动做表率，这样才能够做到上行下效。而那些没有做到的人，不妨建议他们去找一个新的团队。

不要仓促用"流行"代替"传统"

虽说一成不变将不会进步，但并不意味着所有的改变都是进步。我们不应该仅仅为了有所改变，就抛弃那些久经考验的观念和做法。这些年来，我的确做出了不少调整，但最为基本的东西——它引领我的队伍一步步取得成功——始终如一。它们在现今也依旧适用。

学习掌握 4 个 P

4 个 P 分别代表着计划（planning）、准备（preparation）、练习（practice）和发挥（performance）。它们是成功的关键要素。让这些要素融入你的生活，时刻牢记优先关注它们，它们要比赢得比赛更加重要。作为领导者，你的责任之一就是确保团队中的每一位成员都把这四个要素放在首位。

为使每一位团队成员发挥其最好水平，应采取何种举措、完成什么样的任务以及开展怎样的行动——把它们一一写下来。

你的指令要尽可能具体。千万不要过分强调结果(例如，"销售额增长 15%")。把重点放在能够提高个体行动效率和成果的举措上来（例如，增加 20% 与客户沟通的时间，每周多打 5 通电话或参加演讲技巧训练营）。

第一章
成功金字塔

> "归根结底，金字塔的15块构件成就了作为一名领导者的我。"

在我执教生涯的开端，对成功做一个书面定义是非常必要的。因为总有太多的家长找我抗议他们孩子的课堂成绩，或者他们在代顿棒球队或篮球队的位置（大部分时候我让他们坐板凳）。

这些抱怨愈发让我感到惊讶，甚至有时候有点厌烦，因为我内心很清楚这些年轻人已经尽力了。对孩子们来说，这些抱怨非但不公平，往往还适得其反。想想看，如果你非常勤奋和努力地学习，在课堂上认真听讲——你已经用尽了全力——却被认为是个不折不扣的失败者，你会有什么感觉？我们大部分人，无论是年轻人还是年长者，大概会直接放弃了吧。而我可不想我指导的人轻言放弃。

作为一名教练，我意识到，旁人评判我成功与否往往依据的是一套大同小异的百分比制打分体系，他们从不考虑大环境、突发状况或其他什么因素，正如同1959—1960年赛季的情形。

　　对于我的学生和球员来说，我是否帮助他们激发出了最大的潜能、让他们全力以赴？我自己又是否真的竭尽了全力？这些问题没有人问过我，尽管它们才是关键。

> The Player who gives his best is sure of success, while the player who gives less than his best is a failure.

　　这些家长的行为促使我去摸索，并创造出一套公平且有效的衡量成功的体系——为那些真正做到将个人能力发挥到极限的学生所量身定做的评分体系。

如何达到你的目标

　　竭尽全力，达己最佳而感到自足，由此得内心平静，谓之成功。这已成为我的教学以及执教目标。然而，仅仅有目标是不够的，你还要知晓如何达到目标。

　　个人如何获得成功？1933 年那会儿，我还不知道答案。但我知道的是，仅仅有答案是不够的。我必须有自己的指导方式，去培养那些我认为成功所必需的特质。

　　因而，我开始寻找一种清晰明确的教学工具——你可以直观地看到，然后学习、遵循它的指导，就好像地图一样。比起我们用耳朵听到的、眼睛看得到的东西要来得更加有意义，我们也更容易记住。

我的高中篮球教练格伦·柯蒂斯（Glenn Curtis）是一位非凡的引导者——从诗歌到鼓舞士气的演讲——他激励球员的手段简直层出不穷。有时，他甚至会做一张硬纸板海报，上面画着一副有五六个阶的梯子。

每阶都代表着一个他希望马丁斯维尔高中校篮球队——阿图瓦人——牢记的要点，例如地板步或者紧逼防守。在梯子的最顶端，当然是他，以及大多数人所认为的成功，即打败对手。

这幅"梯子"图引起了我的思考。这是个好的开始，但我想要更加全面和具有说明性的东西。此外，我对于成功的定义无疑和柯蒂斯教练有很大的不同。

当我还是普渡大学的一名学生时，我第一次了解到有关埃及吉萨金字塔的知识。它是古代世界七大建筑奇迹中唯一幸存至今的建筑，由红色的花岗岩和纯色的石灰岩石砖建造，有些石砖重达 60 吨。金字塔的基石巨大而坚固，它们对整座建筑的重要性不言而喻。

其他的构件则根据具体的作用和位置进行切割，继而经由煞费苦心堆砌而成的巨大斜坡将石块一一搬运上去，形成连续的构件层——每上一层的石块都受到下一层的支撑。

金字塔的顶点距离沙漠地表 481 英尺，4 300 年来它一直是地球上最高的建筑。金字塔经过几十年精工细作而成，抛开体积不谈，其建造工艺如此精湛，以至于在它巨大的花岗石和石灰石砖块的接合处，你连一张扑克牌都插不进去。即便到了 21 世纪，金字塔也可以称得上是人类历史上最为坚固且设计得最为出色的建筑之一。显然，这么想的并非只有我一个人。当被问及有史以来最伟大的管理者是谁时，著名管理学作家和研究者彼得·德鲁克（Peter Drucker）回答道："金字塔的建造者们。"

一则关于埃及金字塔的格言是这样说的："人类恐惧时间，而时间恐惧金字塔。"金字塔的建造初衷是为了能够永存于世——它做到了。为建造金字塔所付出的一系列努力颇具象征意义，对我来说很实用。

成功的必要条件

很快，我就采用了金字塔结构作为我的教学工具。起初，我并不知道这个结构要包含多少"构件"，每一块构件又该包含什么内容，它们应该如何排列。我知道的仅仅是，成功应位于最高点，而每一块通向最高点的构件都应代表一种个人特质——让你能够获得成功的特质。金字塔的构件和它的分层结构将成为指向标，引导我的学生和球员们发挥自身潜力——无论是个人潜力还是在团队中的潜力，并最终取得成功。

在这一过程中，我发现，它同样指引了我个人的执教生涯——如同一本领导力指南——为那些有幸引领他人登上竞技舞台的领导者提供了行为准则。

我最先面临的任务是，确定究竟是什么样的个人特质能够引领我们攀上顶点。我很认真地思索这件事，我做教师和教练的第一年冬天一直在考虑这个问题的答案。成功的要素到底是什么？

之后的许多年里，我对各种因素进行了评估，并最终挑选出了我所定义的成功必备的价值元素，确定了它们在金字塔中的位置。经过一系列思考、反复的试验和深刻的反思，我选择了 15 个基本的价值元素作为"成功金字塔"的构件。无论是对于领导者还是一个组织而言，只要他们的目标是最大化发挥自身的能力，这些价值元素都是先决条件。

在我即将离开位于特雷霍特的印第安纳州立师范学院前往加州 UCLA 执教时，我终于完成了我的"金字塔"。随后，37 岁的我成为棕熊队的新主教练。每一个赛季开始前，我都会向到来的学生球员介绍我对成功的定义和我的成功金字塔——我会向他们分发油印的副本，并逐条同他们进行回顾。在柯克霍夫礼堂的办公室内，有一幅巨大的金字塔海报就挂在我的桌子后面。

以身作则最重要

无论在场上还是在场下，我都希望我的行为能够展现我所珍视的那些品质，那些构成金字塔的价值元素。

我相信，没有什么比个人的以身作则更强大的领导力工具了。团队会忠实地反映领导者的风格，无论从哪个方面来说。就我而言，我希望这种反馈能够契合"成功金字塔"。我尝试主要通过以身作则的方式来教导他人。

UCLA之所以能够斩获全美总冠军是否归功于我的金字塔理论？不，还有许多其他的原因。但我相信金字塔理论起到了非常重要的作用，1959—1960年赛季就是个很好的例子——我们最终取得了成功，尽管我们输掉的比赛几乎同获胜的比赛一样多。

金字塔理论的终极作用不是为了打造冠军，冠军只是一个副产品。它更多的是引导个体发挥出自身最大的潜力——无论是作为团队中的一员还是作为团队的领导者。金字塔理论并不能确保UCLA打败对手，它所能确保的仅仅是这样一个团队，团队中的每个个体都做好了奋斗到底的准备，他们每个人在赛场上都将会发挥出自己的最高水准——我们的对手将会面对这样一支队伍。让比分顺其自然吧。

在金字塔理论的引导下，某个赛季我们打出了14∶12这种令人"惊喜"的成绩，而另一个赛季我们获得了总冠军。这些年来，除了1973—1974年赛季，得益于金字塔理论，球队懂得什么才是成功必备的条件，并付诸行动，最终取得了成功。我希望用金字塔理论中的价值元素来衡量我的队伍——而非篮球比赛中的那些进攻与防守记录——衡量作为一名领导者的我。

请允许我分享这 15 种个人特质，它们都是我经过精心挑选并小心嵌入成功金字塔中的。虽然这些构件并非取自红色的花岗岩和纯色的石灰岩，但它们无疑会更加坚固和持久。当你仔细审视自身，并要求你的同伴也这么做的时候，这些"构件"将为你所用。

建筑物结构的稳固与否取决于地基。成功金字塔的两块基石源自我早年的摸索。没有它们就没有我的成功。

勤奋

我是在一座小农场里长大的，那时候拥有一头健康的骡子已经等同于享受到了"现代"的便利。因而，我很快发现，如果你光是躺在床上的话将一事无成。你必须很早就起床，持续工作到非常晚。我和我的兄弟们最早学到的道理就是：在困难面前，没有捷径，也别想耍花招，没有什么能取代传统的工作方式，你要种庄稼、照顾玉米田、收割干草。不然，你会死的。

> "伟人所企及的高度不是一蹴而就的。当同伴们沉沉睡去时，只有他们还在黑暗中踽踽而行。"——亨利·沃兹沃斯·朗费罗（Henry Wadsworth Longfellow）

对于伍登家族来说，辛苦的劳作就如同泥土一样寻常——泥土在农场到处可见。因而，我为成功金字塔挑选的第一块构件——作为底层结构的一块基石——也就显而易见了：努力工作。我更愿意称之为"勤奋"，因为大部分所谓的"工作"并不是真正的工作，人们只不过是走个过场、投入些时间继而打发无聊罢了。

许多人都会抱怨在办公室度过的辛劳一天，可实际上，他们或许连手指都没有动一下，更别提思考问题了。这可不是工作。在我看来，工作意味着你要全身心地投入，全神贯注、百分之百地融入其中。你不会频繁地看时间，不会满脑子想着上下班打卡。勤奋，意味着你投入到了真正的工作当中。

而若想要拥有勤奋这一特质，另一种非常重要的品质同样不可或缺。

热忱

工作如果缺少了乐趣只能变成苦差事。做苦差事可不会让你获得冠军，也不可能因此成就多么伟大的团队。如果你和你的团队整天懒懒散散，当一天和尚撞一天钟，只想着下班之后去做点儿自己真正想干的活儿——你永远不可能成功。

> "欢乐的旅程总是如此短暂。"

作为一名领导者，你必须对你的工作充满激情和热爱，认为你所做的事情能够真正给你带来快乐。如果对工作缺乏热忱，你的主观能动性就无法得到最大限度的发挥。没有热忙，成功也就无从谈起。

> Enthusiasm - Comes from "your heart being in your work." You must be enthusiastic if you are to stimulate others. The enthusiastic man does not recognize defeat and in tough moments his love of the game and great desire to impart the same love to others will do much to carry him over the rough spots.

我很快就选定了热忱作为成功金字塔的第二块基石，因为面对工作时，热忱让人变得勤奋、高效。

你的热忱同样会影响你的团队。一位领导者所具备的能量、干劲儿以及对工作的热爱和奉献将极大地刺激团队成员。对工作的热爱一定要发自真心，不能作假。虚假的热忱很常见，也很容易被察觉。如果你故作姿态，假装对工作的热爱，那么你手底下的人也会纷纷效仿。

热忱源自一个人的内心，但表达方式多种多样。它并不意味着你一定要手舞足蹈或者闹出多大的动静。我高中的教练格伦·柯蒂斯在这一方面的情绪表达就相当外露，相反地，我的大学教练沃德·兰伯特（绰号"小猪"）自控能力则非常强，他的行事作风甚至会给人一种紧绷的感觉。但他们对于工作、对于篮球的热爱是如此真切，这令所有他们指导过的球员都受益匪浅。

如果我们将勤奋和热忱结合起来，就会形成一股巨大的推动力，成为向其他金字塔构件注能的引擎。据我所知，那些高效的领导者无一不具备这些品质。通用电器前执行总裁杰克·韦尔奇（Jack Welch）就是一个很好的例子，他被《财富》杂志评选为"20世纪最杰出的企业领导者"，因为他将一家百年老企业成功转型为世界上最大型且最有价值的公司之一。其中，处于韦尔奇领导力核心要素位置的正是热忱。杰克·韦尔奇热爱他的工作——不是喜欢，而是热爱。而这份热忱又具有十足的感染性，也点燃了同事们的激情。

我希望我的热忱也能够感染我的团队。

> **勤奋和热忱是成功的两块基石**
>
> 每一块基石自身都包含了巨大的能量，两者的结合体将组成伟大领导力不可替代的一部分。勤奋和热忱极具感染力，拥有这两种特质的领导者会潜移默化地影响组织里的其他成员。

将成功金字塔作为教学工具后不久，我便选定了勤奋和热忱这两个特质。随后的14年间，不同的"构件"被挑选、舍弃或移动位置，但我从来没有想过要动这两块基石。

不努力工作的话，人将一事无成。而失去了对工作的热忱，勤奋则无从谈起。缺失了这两种特质，成功也就成了镜花水月。

领导力基底的其他构件

在勤奋和热忱两块基石之间，我加入了三个与同他人合作相关的构件：友谊、忠诚和合作。勤奋和热忱可以依托于个体独立存在，但我们在日常生活中所做的大多数事情，特别是运动和商业活动，都需要他人的参与。

我所选择的这三种特质都涉及与他人开展积极的互动，连同勤奋和热忱，它们共同组成了成功金字塔的基底层——对于成功领导力来说，它们至关重要。

友谊

你或许会质疑在领导力的范畴下友谊的作用，对于领导者来说，同下属做朋友是不是一个明智的决定？当处于两难境地时，这份友谊又是否会妨碍领导者作出正确的决策？

> "想要交朋友，先学会做一个朋友。"

我相信，根据了解程度的不同，友谊也分为很多种。我们对某个熟人很友好，可能出于政治或体育方面的共同爱好；或者他／她的幽默感打动了我们；抑或我们会一起去打高尔夫、保龄球或钓鱼。你甚至会有那种从高中起就认识的老朋友，但20年来从未见过面。某种意义上来说，他们都可以称作你的朋友、好朋友——但这并不是我概念里的友谊。

对于领导者来说，友谊有两种特质至关重要：尊重和情谊。就领导力范畴下真正的友谊而言，这两种特质最应得到关注，领导者不但自身应当具备它们，并且还应该将其灌输给团队成员。

情谊是指存在于个体和团体成员——战友——之间的一种友好精神。试想一下，当你备受尊敬的人——你们之间有着深厚的情谊——要求你付出时，你会给予多少。答案是非常多，你甚至会竭尽所有。如果你向下属展现出性格中的这种特质，他们也会为你赴汤蹈火。

那么一个缺乏情谊的领导者呢？他不懂得去尊重别人，组织里也没有人去尊重他。哪一种领导者会得到团队的支持？答案显而易见。

因而，我试图在我与球员建立的人际关系中捕获友谊的这两种特质，我非常珍视它们。我并不是想得到他们的"喜爱"或是和他们做"好哥们儿"。相互尊重和彼此之间的情谊有利于壮大你的队伍，而偏爱会适得其反，它让你厚此薄彼。

多年来，尽管我有许多非常喜爱的球员，但我一直努力做到不偏不倚。我不想我的私人情绪——是否喜欢一个人——表现得太明显，让大家都看出来我更喜欢谁。只不过，这种努力并不总是成功的。

约翰·埃尔克（John Ecker）就是个典型的例子，他或许是我执教以来最为欣赏的球员，但多年后，约翰告诉我说他以为我——作为他的教练——根本不喜欢他。听他这么讲我不是很开心，不过很快我就释然了，至少说明我没有因为欣赏而对他有所优待，尽管我的确非常喜欢他。

我承认在约翰这件事上我有点过犹不及，但作为领导，比起爱给自己人开后门，尽力克制住偏爱才是可取的做法。

如果你被认为"有私心"，那就太糟糕了。

> **与他人成为朋友的同时，保证自身的专业性**
>
> 情谊是值得颂扬的，甚至有时候你需要在下属面前赞赏这种品质，但不要偏心，不要让个人的好恶影响你的决策。情谊所激发的相互尊重和友好精神会进一步加强你同下属之间的情感。根据我的定义，在友谊的范畴内，我们并不排斥专业性和职业化。退一万步讲，你是他们的领导，而不是哥们儿。

领导是一门不完美的科学，我同样也有不少缺点。在尝试去做正确的事的过程中，你会犯错，这些错误会给你带来伤痛，但不要为此感到羞愧或歉疚。打造一支懂得互相尊重且充满情谊的队伍就是正确的事，而拥有这两种友谊特质的团体也一定相当出色。这也是我将其纳入成功金字塔基底层的原因。

忠诚

忠诚属于人类更高一级特质的一部分。伟大的团队和它们的领导者同样具备这一特质。正因为其具有强大的能量，我将忠诚放置在金字塔基底层的中央。

好的领袖必须忠于他的组织、他的团队，正如合格的公民必须忠于他的国家。你必须要忠于那些跟随你的人，这需要勇气，因为它并不是件简单的事。首先，你必须要忠于你自己，忠于你的原则、你的系统、你的价值观。

在《哈姆雷特》中，波洛尼厄斯（Polonius）告诫他的儿子雷欧提斯（Laertes）："忠于自我。"莎士比亚的词句已足够精辟，但我还想稍微扩展一些内容："首先，不要背叛自己；其次，不要背叛那些跟随你的人。这就是忠诚。"

如果一位领袖拥有忠诚的品格，那么我会希望成为他团队的一员。其他人也是如此。

人们不会带着忠诚自动来到你的门前。当跟随你的人发现你对他们利益和福祉的关注并非仅仅是为了更好地利用——利用这些人为你做事、达成你想要的，你将收获他们的忠诚。

> "是命运让我们成为兄弟，没有人可以独自上路。所有那些我们给予的，终将再次回到我们手里。"——埃德温·马尔姆（Edwin Markham）

我相信，大多数人甚至绝大多数人都希望所处组织中的领导者能够关心、尊重下属，做到公正不阿，确保每个人的尊严。

如果你能够做到这些，你将收获他们的忠诚。你会发现，你所带领的团队不会见风使舵，哪怕是面对挫折，他们也不离不弃。

夫忠诚者，欲取之，必先予之

想要成功，你必须确保下属的忠诚。首先，对自己要坦诚，坚守原则。其次，对待你的下属也要真诚。记住："所有那些我们给予的，终将再次回到我们手里。"对他人忠诚，他人也会同样对待你。

在体育和商业领域，领导者和团队成员之间的关系可以是非常私人的。它涉及你生活的诸多重要方面，包括精神层面的、情感层面的和财务层面的。除了婚姻关系之外，你所带领的职业团队应当是与你联系最为紧密的一群人。正因如此，你不仅要对自己坦诚，也要对你的团队坦诚。一旦领导者具备了忠诚的品质，他 / 她也会获得团队成员的忠诚。

合作

作为一名领导者，你一定要坚持"什么是对的"比"谁是对的"更重要。为了保证这一点，成功金字塔基底层的最后一块构件尤为必要：合作。

"悠兮其贵言，功成事遂，百姓皆谓我自然。"——老子

对于那些固执己见的领导者而言，推进合作是比较困难的。他们会认为聆听、评估或接受他人的意见和创意代表着对自己决策与信念的怀疑和否定。自负蒙蔽了他们的眼睛和

耳朵，如同一叶障目。

高效的领导者深知倾听也是一种力量的表现，他／她欢迎来自团队成员以及他人的不同意见和新思路——只要他们是诚恳的。刚愎自用是很难带来进步的。如果我们拒绝从反对声音中吸取有价值的部分，合作也就成了无源之水。

独裁式的领导者只会发号施令，不接受质疑。这种类型的老板要求下属必须依据个人想法来行事，而这种想法通常是刻板且不懂变通的。即便如此，这种管理模式也是可以运行的。不过，如果领导者能够借鉴他人更富成效的想法和创意，事情也会推进得更为顺利。而这正是我们想要的，不但要将事情做成，还要将它们做好，做到更好。

为此，合作是必要的，比起"谁是对的"，领导者更应该关注"什么才是对的"。多年来，我一直强调一名好的领导者和狱警的区别之一就是前者拥有合作意识。当你手里端着一把来复枪的时候，你不会去在乎什么倾听、学习、改变或者成长——而这些都是优秀的领导者所必备的。

不过，我仍旧发现领导者和狱警之间的一个共同点：他们都有最终决策权。当你作出一个决定的时候，必须确保所有团队成员的遵从。否则，就请他们另谋高就吧。

优秀的领导者应把合作视为优先选择，合作意味着彼此分享想法、信息、创意、责任和任务。唯一不需要分享的是受到的责备。强大的领导者接受责备，并善于赞赏他人。相反，懦弱的领导者只接受赞美，他们将过错归咎于旁人。

在篮球比赛中，助攻——帮助其他成员得分——的价值被大大低估，但我个人却非常重视，它是合作精神的代表。帮助他人更好地完成工作，这种协助行为在任何组织中都有其价值。它令每个人都成为贡献者，让他们觉得"我们应该这样做"。

领导规则

成功的领导源自坚实的基础。

成功金字塔强有力的基石是勤奋。成功需要不懈的努力。失于勤奋的人，不能称作一位成功的领导者。从现在起，努力工作，不可懈怠，除非你发现某位伟大的领导者不需勤奋就获得了成功（这种人并不存在）。

没有什么能替代热忱。

领导者必须胸怀抱负，这样才能够激励团队。几乎没有人会追随对挑战缺乏激情的领袖。唯有真正的热忱，才能激励他人发挥出最大的潜能。热忱无法勉强，也无法假装。你必须真正接受——坦然直面——激烈而严峻的竞争。

友谊、忠诚和合作共同完善了领导力的基础。

比起坚持自己是对的，合格的领导者更倾向于去追寻什么才是对的。他们深知，如果团队中无人贪功，他们将取得更大的成就。友谊（情谊和尊重）、忠诚以及合作将成为联结你与团队成员真诚而坚实的纽带。在你的组织中，妥善呵护和经营这些特质，让它们各归其位、各司其职，这一坚实的基础终将助你成功。

第二章
金字塔的第二层

第一章主要介绍了成功金字塔的基底层构件——勤奋、热忱、友谊、忠诚和合作。你要承认，作为首发阵容来说，这已经相当强力了。在我看来，这五种个人特质从本质上来说反映了个体内心和精神层面的价值，而本章要探讨的第二层内容则有更高的认知度。

比起内心，以下要阐述的概念更多地与我们的头脑相关。具体来说，就是一位成功的领导者是如何有效地利用他的头脑的。金字塔第二层的四个特质主要涉及个体心智的掌控和发展。对于很多人来说，第一块构件最具有挑战性。

自控

独占鳌头，哪怕仅有一次，也是非常困难的。而想要维持住这个位置，在许多人看来，更是难上加难。据我个人的经验，无论是获得第一还是保持这个名次都是一场独特且艰巨的挑战，都需要极高的自制力。

自控对领导力和团队发挥的稳定性而言至关重要。在我看来，真正的竞争者和成功的领导者，其共同特点就是能够保持稳定。从任何方面来说，自控都是必要的。

> "掌控团队之前，先学会掌控自己。"

你在私人生活中所做的决定会影响你的职业生涯。它们不是彼此割裂的存在，如果领导者认为它们可以割裂——麻烦就来了。真正的领导者一定要有威信，行事要有原则，虽然这很难做到，尤其当个体缺乏自控的时候。

首先，你要学会控制自己的情绪；其次，远离草率的决定、权宜之计以及各种形式的诱惑。

```
Self-Control - Must keep his emotions under complete control and
think clearly at all times. He can do this and still be a fighter
who lets his boys know that he is back of them. Discipline forcefully
when necessary, but be fair and hold no grudges or he will lose
respect. Keep your poise at all times.
```

从对细微之处的控制着手，这样你才能够控制更复杂的事情。例如，我之所以在训练期间禁止讲脏话——虽然这不是什么大问题，是因为它往往来源于沮丧或愤怒的情绪。如果一名球员在对抗训练期间尚不能在气头上控制自己的语言，那么在比赛最为激烈的关头，他可能会失控得更加厉害——犯规、打架或者做一些糟糕的决定，这对球队来说是很不利的。

让球员们学会自控的一个非常有效的手段就是，让他们管住嘴。这些年来，我们的队员一直训练有素，因为我告诉他们丧失自控的球队会被击败，比分会落后。缺乏自控——个人纪律性差——的领导者亦然。

我是如何向球员灌输成功金字塔第二层的"自控"的？首先，我很明确地表示，我青睐稳定性高的人，而想要做到这一点必须能自控。其次，我从不容忍任何球员的失控行为。一旦球员违反这条准则，他很快就会付出代价。

但更多时候，我试图沿用我父亲擅长的方式：以身作则。父亲有着钢铁般的自制力，我希望在我的领导风格中也能继承这一特质。父亲以身作则教会了我如何控制自己。（例如，在我40年的执教生涯中，没有哪位球员会告诉你我说过脏话。）

我花了很多年的时间才达到父亲的境界，我一直在尝试展现一种稳定的执教风格，而自控则是这一过程中我收获的最为宝贵的资产。我不仅严格要求自己，同样也教导我的队员这样去做。而有时候，随着比赛的进行，当看到我的球员通过不断施压而导致对手濒临失控的时候，我甚至会产生一种罪恶般的愉悦感。我绝不想看到情势来个大逆转。

在我看来，自控好比棕熊队上场的第六名队员。这是我们的优势。你的团队也可以拥有这样的优势，前提是，作为领导者的你，拥有自控。一支训练有素的队伍不过是自律的领导者的一个映射。

> **自控带来稳定——伟大领导力的标志**
>
> 自控要从上层做起，从身为领导者的你做起，并通过言行灌输给整个团队。他们必须明白：良好的自控是值得褒奖的，而失控是绝不能容忍的。

警觉

一般评论员在描述 UCLA 冠军队伍的时候往往会说：他们拥有身材高大的超级巨星。他们错了。实际上，1964 年的 UCLA 棕熊队也许算得上是 NCAA 一级篮球联赛中身材最矮的冠军队伍了。1965 年队伍的情形也大同小异，那年我们捧回了第二座总冠军奖杯。

> "在你已经懂得一切之后又学到的东西才是最有价值的。"

我们所有队员的共同点，不是身高，而是速度——身体的反应速度，当然，还有同等重要的大脑反应速度，即警觉。

警觉是一种持续观察和分析身边发生的事情，并从中学习的能力。对于努力寻求不断进步的领导者来说，警觉至关重要。你必须不断进行自我评估，掌握团队以及对手的优势和弱点，时刻保持警惕。在今天的体育运动中，我们经常要做出瞬时调整——影像、照片以及坐在记录台上举着望远镜的记录员，他们在比赛过程中不断向教练和球员提供即时信息。

　　这与你和你的团队所面临的情况大同小异。你必须具备这种警觉的观察力——见微知著，继而培养你的团队成员也具备这一特质。领导者如果总是反应慢半拍的话，很快就会被解雇了。

Alertness - Be alert to observe weak spots in the opposition, in your own team, note fatigue, etc., and be quick to make the necessary corrections.

　　父亲经常教导我，向别人学习，而想要做到这一点，你必须保持警觉，有意识地——睁大眼睛，留心身边的一切。如同司机在开车的时候睡觉就一定会出事故，同样，领导者如果不能保持高度的警觉，那么他所带领的组织也会走向衰落。他们总是会找借口说："我没注意。"

　　而你，作为一名领导者，要确保自己不会犯类似的错误。实际上，在充满竞争的环境中，那些无往不利的领导者通常都能预见有事会发生，而迟钝的家伙们还沉浸于天下太平。这都要归功于警觉这一特质，能够在竞争中保持领先地位的组织的领导者通常都具备这种特质。

　　篮球比赛是在各种线条之间进行的运动，它同样也是在许多双耳朵之间开展的。你与你所带领的团队面临的情形也多有类似。警觉是一种非常了不起的特质，它可以成为领导者有力的武器。在一位警觉的领导者的带领下，他的团队成员通常善于观察，思想开明，努力追求进步。体育领域内是这样，相信商业领域亦然。

警觉是一种"时刻保持警惕"的习惯

活用金字塔中这一价值元素的领导者会时刻紧盯竞争性局面，并快速识别各种趋势、变化、机会和潜在的威胁。他们往往会比别人快上一步，因为他们已经养成了时刻保持警惕的习惯，能够发现早期的迹象和信号以便及时作出调整。结果，他们能发现旁人未曾留意的东西，善于快速察觉自己团队的缺点并予以修正，迅速找出对手的弱点并加以利用。

积极主动

一支害怕犯错的篮球队无法击败对手。对任何其他组织来说，道理都是一样的。犯规、失误和犯错都是竞争的一部分，无论是在体育界、商界还是其他什么领域。不要害怕犯错。就像普渡大学的沃德·兰伯特教练总结的："犯错最多的队伍往往能够赢得比赛。"

> "大胆中蕴藏着天才、力量和魔法；拿出勇气，不然你是不会发现它们的。"——歌德

他谈及的就是我们接下来要讨论的金字塔的另一块构件：积极主动。兰伯特教练口中的"错误"绝非出自马虎大

意，而是在对风险进行正确评估的基础上所实施的坚定而自信的行动。在体育运动中，为了抓住机会你必须在瞬间行动起来。而对各个组织来说也是一样，当机会降临时，时间至关重要。

有些球员表现得像是一个年轻的大学生篮球选手，仅上半场就犯规三次，然后开始变得犹豫不决，过分小心翼翼。这时候教练就会把他换下场，以防其拖累整支球队。

在商场中，领导者如果瞻前顾后，那么他终将会在竞争中给团队带来不利的影响。迟疑、优柔寡断、踌躇不决、害怕失败——这绝非好的领导力的体现。我多次告诫我的球队："速度快，但别慌。"我的意思是，做决定，然后行动起来；确定你要做的事，然后执行。牢记"最大的失败之处就是放弃行动"。

迅速开展行动并不意味着要疏忽大意或者仓促而行，否则，你可能会失误更多。我也是这样告诫自己的。

不要害怕犯错，也不要害怕失败。基于所掌握的全部信息，做出理智的判断；然后，行动起来。害怕失败、不敢行动的领导者鲜有成功。

我相信，明智的领导者都会告诉其团队成员关于"基于行动而犯错"和"基于不作为而犯错"的区别。前者旨在让事情能够做成，而后者多半是出于胆怯，害怕做错事，就像那位在上半场连续犯规三次的球员一样。

> I want a hustling, fighting team that never has time to crab or complain to anyone about anything.

在球场上，如果球员为了得分尝试另辟蹊径，哪怕没有成功，我也很少会批评他。这一准则对领导力来说也适用。领导者必须积极主动——敢于做决定、去行动；愿意且有能力去冒失败的风险，当所有人都持反对意见时坚定自己的立场。

> **那些最为成功的领导者都明白一个道理：**
> **失败乃成功之母**
>
> 没有人能一直赢下去，无论是你站在球场上还是准备将新产品或服务投入市场。错误，甚至是失败，是可以接受的，只要不是出于粗心大意或仓促准备。我们可以从失败中汲取经验，以防未来再犯同样的错误。牢记兰伯特教练的话：错误也是胜利的一部分，只要它们是合理的。

你一定记得菲利普·保罗·布利斯（Philip Paul Bliss）的这段诗：

> 敢于做但以理；
>
> 敢于独自前行；
>
> 敢于怀抱坚定的信念；
>
> 敢于让众生都知晓。

我们可以用积极主动为这首诗命名。缺失了金字塔的这一构件，你很快就会被对手超越。有着坚定的信念，并敢于做出行动——这就是积极主动的领导者。

专心致志

专心致志的重要性与金字塔中的其他构件别无二致。失去专心致志，你会很快衰退、萎靡直至放弃。我选择用"专心致志"这一词汇来表达包括勤奋、果敢、坚忍、决断和坚持不懈在内的品质。伟大的领袖都具备这些品质。

> "智者曾说，'确信自己是对的，那就前进吧。'或许我们还应该加上一点，'在没有确定对错之前，不要放弃。'"
> ——佚名

值得注意的是，当你具备了专心致志的品质，你的组织成员也不例外。不幸的是，反之亦然。领导者缺乏专心致志，其所带领的团队更容易放弃。

此外，专心致志意味着怀抱坚定的信念，甘于长时间坚守，而非热衷于各类短期行为。专心致志让你得以置身于游戏之中，即便其他人告诉你游戏已经结束了。唯有领导者才能宣布游戏的终结。

常言道，好事多磨。专心致志会令我们达到有价值的目标。尽管存在诸多挫折、失败、始料未及的反转、艰难困苦甚至糟糕的运气，我们是否还要继续战斗？你的团队会向你寻求答案。

当遭遇挫败的时候，你是会反思、放弃还是选择退避？或许你会迎难而上——这次你会做得更好，更加努力。面对困境时，唯有专心致志能够让你振作；当困难降临在你和你的团队头顶时，唯有坚守的信念才能够让你继续前行。

28 年来，我一直专心致志于我的执教生涯，无论是高中教练还是大学教练——我专心致志于竭尽全力让我的队员发挥他们最好的水平。终于，在我当教练的第 29 个年头，发生了一件不凡的事情：UCLA 斩获了全美总冠军。而专心致志这种品质居功至伟。

勤奋和热忱这对强有力的组合对成功来说至关重要。但它们所产生的力量必须是持续的、不间断的——这就是专心致志的价值所在。

我们现在已经了解了金字塔的两层结构。不妨在此稍作停留，思考一下前面言及的这九种特质，它们对于你的领导力来说意味着什么。当你成功将其融入自身的领导实践中时，你就已经有别于大多数对手了。你属于被精选出来的那一群领导者。

然而，根据我个人的经验来看，想要在领导力方面取得成功，你所要具备的远远不止这些。在继续我们的旅程之前，记得将上述策略写进你的战术手册。

领导规则

领导力始于自控。

记住，"想要掌控你的组织，从掌控自己开始。"你的失控，意味着你允许你领导的团队成员也犯失控的错误。不要给自己的失控找任何借口，因为一旦你这样做了，你作为领导者的权威和可信度也将大大降低。

保持警惕。

把警觉当成习惯来培养。学会对未来进行合理的预测。高效的领导者通常都想在别人前头。他们对自己的业务了如指掌，并时刻关注周围、组织内部的各项工作、对手以及任何可能会影响团队发挥的因素。

不要害怕失败，不要打击他人的积极性。

即便是合理行为也可能遭遇失败。在进步的道路上，你总会犯错或行动失利。高效的领导者深知这一点——并接受它——同时努力保证这些失误不是由马虎、轻率或不理智的判断导致的。另外，如果你因为下属犯错或没有达到预定目标而惩罚他们的话，你很有可能会制造出一种极端谨慎的氛围，甚至是恐慌。在体育领域，这就好比为了"不输"而去比赛——怀抱这种想法的人通常都会被击败。

保持专心致志：将眼光放长远，确保你的团队最终不会后继无力。

专心致志、执着、果敢、坚持不懈——所有这些都在表达一件事：你——一位领导者——必须确保你的队伍不轻言放弃。丧失注意力、心不在焉或者半途而废，具有这些特征的人或许都期待着成功，但他们永远不会成功。在充满挑战的时代，没有什么比集中体现专心致志的领导力更重要的东西了，它意味着坚持不懈的前进的决心。

第三章
金字塔的核心

"最终，你的选择成就了你。"

记者经常会问我："伍登教练，你是否有一套自己的执教方法，或者说，某种系统？"我的回答非常简单："没错，那就是状态、技术和团队精神。"这是我从沃德·兰伯特教练那里学到的，这位不凡的普渡大学篮球教练一直影响着我，无论是作为一个普通人、一名选手还是一位教练。我的成功金字塔的核心，就是对兰伯特教练执教方针的一种延伸。

沃德·兰伯特是一位改革家，某种程度上来说，他彻底改变了篮球的打法。他的影响一直持续到今天，其中最重要的就是现代篮球的快攻战术。兰伯特教练偏爱速度。在他年轻的时候，篮球的尺寸要比现在大一些，整个比赛节奏也慢得多。那时，每一次投篮得分之后两队都要进行争球。它意味着比赛的开始和暂停，比分很低，投篮的次数也很少。兰伯特教练向这种老式的篮球打法发起挑战，最终改变了它。

他要求我们以一种近乎疯狂的节奏去比赛，不停顿，不存在超时暂停，不可以减速，不断去抢球、带球、投篮。然后再一次抢到球，重复这一切。每一场训练和比赛，他都要求我们这么做。

　　媒体有时候会称其为"消防车"式的打法，因为你整场比赛都在奔跑。很少有球队能够达到沃德·兰伯特所要求的速度，而我则是他最重要的那辆"超跑"。一般球员在赛季期间都会穿坏 2~3 双运动鞋，而我几乎每周都要报废一双查克·泰勒（Chuck Taylor）匡威运动鞋。（一部分是出于这个原因，当我做教练的时候，我会再三要求队员正确穿着他们的运动袜，仿佛是种强迫症。有些人会嘲笑我这种偏执，但我的亲身经历告诉我，保护好双脚的必要性——袜子的折痕、褶皱以及一切不够平滑的部分都可能会引发水疱，从而影响球员的正常发挥。）

　　兰伯特教练激进的快攻战术需要三个前提条件：状态、技术和团队精神。当我开始执教的时候，我也采用了这一风格，并将其一直延续了 40 个赛季。

```
Feeling that the ability to properly and quickly execute the fundamentals, being
in excellent condition, and having a fine unselfish team spirit are the heart of
any successful team, I have tried to permit those ideas to be the most influen-
tial at arriving at a satisfactory team offense and defense.
```

　　我同样也意识到，这三种特质的作用实际上已经超越了篮球比赛的范畴。运用得当的话，无论是在球场之外、个人生活中还是任何形式的组织或团队的管理中，它们都有可能引领你获得成功。正因其重要性，我直接把它们放置在成功金字塔的中间位置，也是整个结构的中心位置。

状态

身体状态的锻炼无疑是兰伯特教练的首要目标，因为他知道球员唯有身体强壮才能够适应他的篮球风格。不过，在选定"状态"作为金字塔的一个核心特质时，我所要求的却不仅仅是身体状态。

> "你或许可以依靠能力技压群雄，但唯有品行能让你保持住那个位置。"

Physical condition"- attained and maintained more by mental and moral conduct off the floor than by time on the floor

我相信，任何组织的领导者都需要具备良好的精神状态和道德品行，才能发挥个体的最大潜能。事实上，如果没有良好的精神状态和道德品行，人的身体健康状态也会受到影响。那么，个体该如何培养道德品行呢？答案可能会涉及连篇累牍的行为准则，但我这数十年来提供的却是一种基于常识的方法：做任何事情的时候，都要保持节制和平衡。这条建议很好记，也非常有效。

结束一场筋疲力尽的篮球训练赛——其中之一的目的是锻炼球员的身体状态——我会这样建议他们："此刻，到下次训练之前的这段时间，一旦你做了错误的决定，今天我们辛辛苦苦在赛场上努力获得的成就，也许在几分钟之内就会化为泡影。"

我会警告他们，在做决定以及随之而来的行动中，如果不考虑节制和平衡，将会损害团队的利益；放纵的后果是灾难性的。为了帮助他们理解我的意思——每一个球员都要对自己负责——我时不时地会在布告栏贴上以下这段话，或者亲自讲给那些格外让我操心的球员听：

> 总有一个选择在等待着你，
>
> 无论你做什么事情，
>
> 所以牢牢记住，最终，
>
> 你的选择，成就了你。
>
> ——佚名

诚然，领导者作出的选择尤为重要，因为它们最终会决定组织的成败。这个道理无论在体育领域还是商业领域都适用。

领导者必须以身作则，不仅在涉及对错问题时——这有关品行，当然——其他事项上也应如此。打个比方，工作狂明显缺乏平衡。在我看来，失去平衡早晚要出问题，最先爆发的大约会是发挥不稳定。

因此，我会尽最大努力防止我的工作——篮球教练和多年的英语执教——影响我的私人生活，例如家庭和朋友。我坚信，优秀的领导者对事情的轻重缓急总有精准的判断，他们会寻求一种平衡。每天马不停蹄地工作24小时，一周7天全无休息，这是典型的失衡状态，最终，它会影响你在方方面面的发挥。当你把自己折腾得够呛时，你也间接损害了团队的利益。

良好的精神状态和道德品行对优秀的领导者来说至关重要。然而，前提是要拥有强健的身体，身体孱弱的领导者通常无力坚守岗位，无法为了信念、理想和原则坚持奋斗。

你或许会发现，一些明明有着优秀决断力的领导者往往会因为较差的身体状态而导致各种形式的行为失检或判断失误。因而，良好的身体状态、精神状态和道德品行有利于维系稳定的、高效的、富有成果的领导力。这也是为何我会把素质放在金字塔的中心位置，毗邻整个结构的心脏。

> **身体状态、精神状态和道德品行俱是个体领导力的体现**
>
> 　　高效的领导者会在私人生活和职业生涯之间寻求一种平衡。任何一边的失衡状态均会导致双方面的损伤。身体强健的重要性无须多言，良好的精神状态和道德品行亦然。

技术

在兰伯特教练看来，基本功意味着对篮球的进攻、防守和各类技术性细节有着全面的认识——知道要去哪里，什么时候去，如何正确投篮，等等。

> *"通过学习，我得以完满。"*

我认为兰伯特教练对基本功的这种要求非常实际，无论是对篮球教练和球员，还是对任何组织的领导者来说。你需要了解你正在做的事情。因而，技术是金字塔的核心。对于工作，你必须要有全方位的了解和掌握——而不是仅仅熟悉其中某个部分，并能够迅速且正确地执行。为你的工作做好万全的准备，这样一来，你和你的团队很快就会从大批竞争对手中脱颖而出。

我曾见过很多教练仅仅指导关于进攻的技巧，但对防守方面知之甚少。同样地，我的一些球员虽说是投篮高手，却不怎么擅长摆脱防守。其他人则刚好相反。

无论在篮球还是商业领域，你必须能够胜任工作所要求的各个方面，而非某一方面。你既要"摆脱防守"，也要"投篮"。仅具备其中一种能力不过是个"半吊子"，总有人会取代你，因为你的技能体系是不完整的。

领导者必需的技能范畴因职业和组织机构的不同而有所差异。管理一家小企业所需要的技能自然不同于 500 强企业的管理技巧，正如对篮球教练和棒球教练的要求也不一样。不过，无论某一行业需要哪些具体技能，你都必须全部掌握。

在你的组织内部贯彻学习的重要性

出类拔萃的领导者深知，要想在各类竞争中脱颖而出，你必须不断地学习和进步。只有领导者将这一理念从上至下地宣扬推广，并设立相关机制确保其贯彻落实，你的团队才会发挥出 100% 的能量。

优秀的领导者终身都在学习，他们创建的组织也会不断培养和激励全体成员学习的热忱。具有超强执行力的领导者们都明白一个道理，在你已经懂得一切之后又学到的东西才是最有价值的。

我的篮球教练生涯开始不久后，我便意识到了这一点。尽管我了解比赛所需的各种基础知识和技能，对于教练这份工作的另一部分内容却捉襟见肘——将这些知识和技能传授于人的能力。当我意识到这个问题时，我便开始摸索如何去做一名更好的老师。这份努力，回过头来，又帮助我成为一名更优秀的领导者。我想要既会"摆脱防守"，又能"投篮"。我想要尽可能地完善我的技能体系。

团队精神

在我学习如何做一名更好的领导者的过程中，我发现了一件远比黑板上的攻守记录更加重要的事情。它继而成为金字塔核心的最后一块构件。

> "团队里的明星即是团队本身。"

兰伯特教练称其为"团结"，这是个很不错的单词，但我希望能为这一宝贵的、与组织成功直接相关联的特质赋予一个更加具有表现力的描述。"团队合作"无疑是个不错的选择，但在我看来，它更加强调的是客观的工作效率，仿佛一台运转流畅的机器，没什么人情味儿，每个人都只是循规蹈矩地做事。当然，这并没有错。但我要的更多，我想要一台强力高效的机器，并且它要拥有内心和灵魂。所以，我称这一块构件为"团队精神"。

起初，我定义团队精神为"为团队的福祉牺牲个人利益或荣耀的意愿"，但我总觉得这个定义还差了点什么，有什么地方不太对。即便如此，多年来我还是沿用了这个描述。某天早上我用完餐，在报纸上看到了一篇报道，它讲述了某人对手中的工作所展现出的持续不断的"热忱"。具体是什么工作我已经记不清了，但那时我的第一反应是，这就是我潜意识里在寻找的东西。

谈及团队精神时，光有意愿是不够的，我希望在我自己身上、在我的球员身上找到的那种特质，更应该称之为热忱。一种无私的意愿多少带有部分消极的因素，即为了团队的利益，个体不得不选择放弃。但我希望我的球员都能够为了团队的福祉，主动，或者说乐于去牺牲个人的利益。对我来说，消极的意愿和主动的热忱两者之间的差别是很大的。因而，我在定义中添加了"甘于"这一个单词。

团队精神——甘于为团队的福祉牺牲个人利益或荣耀——作为一股切实可感的强大推动力，让仅仅是按部就班做事的个体转变为为了团队的利益全身心地投入工作。这样的组织成员无私、细心，他们会将组织的目标摆在第一位，甚至不惜牺牲个人的意愿。假设这种情况发生了——这通常需要领导者在背后推动——结果会相当出人意料。

如同热忱会激发勤奋，团队精神则是提高素质、技术和支撑着金字塔其他构件的催化剂，团队精神会引领它们达到前所未有的高度。团队精神在个体内心深处埋下了这一意愿：竭尽其所能令组织取得进步，使它变得更加强大。

从潜质角度来说，团队精神有望指数级地提升组织的产量。团队的力量要优于其成员力量的总和，组织的潜能同样要大于雇员个体潜能的简单相加。比起个人的荣耀，个体更加注重团队的荣耀。"今天，我能为我们的团队做些什么？"代替了"我要如何获得成功？"。（当然，我相信后者的答案其实是蕴含在前者当中的！）

我执教的那些年，培养成员团队精神可不是什么简单的事，可能到了今天更加不易，尽管我偶尔会怀疑这一点。电视将众多球员、教练、官员和裁判员包装成演员、明星，更有甚者，近年来一些执行总裁也成为媒体的宠儿，就连其下属也纷纷认为领导的光环要比他所带领的组织更加耀眼。

雇用并奖励那些甘于将团队利益放在个人利益之上的人

如果你只能记住本书里的一个内容，请记住下面的话：任何一个成功团队里的明星都是团队本身。个体不会赢得比赛，一整支队伍才会。去寻找那些比起个人得失，优先考虑团队利益的球员，他们身上无疑还要具备我们在本章和上两章谈及的那些品质。同样，你需要去寻找那些思想成熟的个体，他们懂得，所有对组织有利的东西也终将成就其自身。

如果有明星的话那仅有一个，就是团队本身。那些为了成就个人明星身份或地位不惜牺牲团队利益的领导者，永远吸引不了我，不管他开出多高的薪水。这种态度违背了我所信奉的关于高效领导力和伟大队伍的一切。同样，如果某个球员更加看重个人成绩，而非整个球队的成绩，那么我希望他另谋高就。这样的人削弱了团队的力量，尤其是在比赛中，他们让球队变得脆弱不堪，特别是当你的对手训练有素，并充满了团队精神的时候。

团队精神可以说是我遇见过的，最能感受其切实存在的"无形资产"之一了。你很难用眼睛看到它，你只能去体会。拥有团队精神的组织将从中获益匪浅。

金字塔上方

到此为止，我所探讨的全部 12 块金字塔构件无不是精心挑选的。每一块构件都有其独特的作用，而它们在金字塔结构中的特定位置也有一种内在的逻辑体系。勤奋和热忱构成基底，从一开始就存在，不然其他一切都将无从谈起。勤奋和热忱还为后续的构件持续提供力量。

两者中间，我们必须嵌入三个有关内心的特质——友谊、忠诚和合作，它们会成为你与组织成员之间强大而真诚的纽带。只要你有足够的勇气去展现这些品质，你就会得到回报。那些不懂得感激和回报的人，建议他们另谋高就吧。

在由勤奋、热忱、友谊、忠诚和合作构成的坚实基底之上，我构建了金字塔的第二层：自控、警觉、积极主动和专心致志。这四种特质均与个人性格有关，把它们与金字塔基底层的特质结合起来，你将获得一股积极的、富有成效的、源源不断的领导力源泉。

接下来，我们来到金字塔的中心部分——沃德·兰伯特教练关键三元素的延伸加强版：状态、技术和团队精神。单独来看，第三层的这些价值元素已经可以构成个体宝贵的资产。然而，随着成功金字塔的不断升高，它们将逐步引领你——作为一名领导者——将你推向距离顶点更近的地方。现在，某种真正强大的力量就要出现了。

> "一分耕耘，一分收获。"

在我看来，对于任何领导者和组织来说，想要超越，想要取得不凡，这12种特质缺一不可。然而，它们来之不易，伟大的成功需要同等的努力付出，成功金字塔也不例外。

只要你全力以赴去构建这三层内容，它们将回馈给你更加重要的东西：一场盛大的丰收，这些收获将在未来持续指引你和你的组织。

沉静自若

我将沉静自若定义为对自己真诚，无论在任何情况或场合下，都不慌张、不失态、不至于心神不定。这听上去很容易，但越是在艰难的时期，沉静自若越是种难得的品质。无法沉静自若的领导者在压力下会变得焦虑。

> "时刻保持沉静自若，即使所有人都丧失了冷静，且归咎于你。"——鲁德亚德·吉卜林

沉静自若意味着你要坚守自己的信仰，无论境遇好坏，都在其指引下前行；沉静自若意味着避免故弄玄虚、故作姿态，与他人攀比，或刻意模仿他人的行为；沉静自若意味着在任何情形下都保持一颗勇敢的心。

当你达到了 100 年前鲁德亚德·吉卜林诗中所描绘的境界，你就具备了沉静自若这一品质：

> 如果你遇到胜利和灾难
>
> 把它们都当成是过眼云烟来同等对待

这就是沉静自若：不要因为任何外在因素影响你的信仰和行为，不要因为它们而打乱你的脚步。

随着风险的增加，你和你的组织所面对的挑战也逐渐增多，愈发激烈的竞争环境对你的自制力是一场巨大的挑战。对于领导者来说，鲜有比沉静自若更重要的品质了，尤其

是当他/她处于压力中时。当然，这也正是做领导的职责之一——在压力下工作。

拥有了沉静自若这种品质，你会发挥出自己最好的水准，因为它排除了焦虑的影响。你会明白自己应该做什么——即便胜算不大，即便其他人都笃定了你的失败，或者他们会认为你能赢——你都同样会采取行动。

那么，我们该如何获取沉静自若这种品质呢？实际上，你无法主动获取它，是它来捕获你。在靠近金字塔顶端的地方，这是你收获的一部分。

我花费了很多年的时间思考成功的必要条件，最终，我惊讶地发现，当个体具备了构成金字塔的前12种特质——尽管它们来之不易，并将其有效地运用后，金字塔的第四层就自然而然地形成了，非常出乎意料，却又仿佛水到渠成。突然间，它就出现在了那里，沉静自若——是你的一部分，是你的领导风格和本质。实际上，沉静自若是成功金字塔给予你的一份强力馈赠。此外，与沉静自若相伴而生的是另一种重要品质，我把它放在沉静自若的旁边，接近金字塔的顶端。

信心

有所依仗的信心堪比最为坚固的钢铁：你深知，无论是何种形式的竞争，你和你的组织已经为此做好了万全的准备，该做的已经做尽。

"你必须赢得拥有信心的权利。"

信心不能人为移植。真正的信心，就像沉静自若一样，仅源自坚定不移地追寻和获取那些能够让你发挥所能的特质——发挥你内在的潜能。这样的信心才能够持久。对我而言，成功金字塔就提供了这样的特质。

你必须时刻监控信心这一特质，以免其遭到侵蚀和腐化而变为傲慢。傲慢或精英主义反映了个体的优越感，令其沉湎于这样一种想象：过去的成功将会被无限复制，不再需要辛苦的努力和付出——而后者正是获取成功的前提条件。因而，我从来不会去预想一场比赛的胜利。我尊重所有的对手，但不会惧怕他们。我教导我的球员也这样去做。事实上，对手的能力高低并不会影响我的信心。

其他队伍的情况并不在我所考虑的范围之内。我的力量和信心其实源自一种明确的认知：我和我的球员都已经做好了充分的准备，我们会在比赛中发挥出最好的水平。我们的对手或许也一样——或者他们发挥得没那么好。但其他队伍的准备工作和潜能并不是我要考虑的，我只关注我们自己的。

成功需要沉静自若和信心，而它们都离不开万全的准备。我相信，获取金字塔中其他的个人特质和价值元素的这一过程，就是在做万全的准备。只要你尽最大的努力去准备——万全的准备可不是件容易的事，不要低估它的挑战性——你终将收获成功金字塔顶的王冠。

全力以赴

近半个世纪以来，我将全力以赴定义为："热衷于艰苦的战斗，因为此时正需要你的全力以赴，你有机会做到最好。"

> **"真正的竞争者无不热爱战斗。"**

那些我效力过、执教过和崇敬的竞争者无不从奋斗本身获得乐趣——从过程中、从比赛里获得乐趣。之所以会如此，是因为仅当你付出最大限度的努力时，你才有机会做到最好，你的价值不会因为最终的比分或盈亏线而被低估、无视或嘲弄。

全力以赴的精神不是以成功还是失败来判定的。它存在于成功和失败那两个"骗子"出现之前的努力中，当然还包括它们的"共犯"：名声、财富和力量——我很早之前就拒绝以此来衡量成功与否。

有句古老的谚语从不过时："艰难之路，唯勇者行。"我一生都在牢记这句话，同时，我也把这个道理教会给其他人。对全力以赴的领导者而言，当前路变得艰难之际，正是他们大展拳脚之时。

在我看来，你要向组织成员传递的一个非常重要的概念就是：热衷于艰苦的战斗，它让我们能够与有价值的对手一较高下。勇于迎接艰苦的奋斗，不要惧怕奋斗。实际上，当你以此来定义成功的时候，你唯一要担心的就是自己的懈怠，没有尽 100% 的努力去做准备，发挥你最好的状态。具有高度竞争意识的领导者会教导组织成员全力以赴。

Game Competition

1. Have courage and do not worry. If you do your best, never lose your temper, and never be out-fought or out-hustled, you have nothing to worry about. Without faith and courage you are lost.

2. Have respect without fear for every opponent and confidence without cockiness in regard to yourself.

3. Think all of the time. Study your opponent and yourself all of the time for the purpose of increasing your effectiveness and diminishing his.

4. Never be a spectator while in the game. Be doing something at all times, even if it is only being a decoy.

5. Team work is essential. Unselfish team play and team spirit is one of the foremost essentials for success when any group are working together.

6. Be at your best when your best is needed. Enjoy the thrill from a tough battle.

当你具备了全力以赴的精神，你也就到达了金字塔的顶端，将你和团队的能力发挥到极限吧，因为无论前方等待着你的是怎样的战斗，你都已经做好了准备。美国体育专栏作家格兰特兰德·莱斯（Grantland Rice）在他的现代诗《伟大的竞争者》中写道：

在所有胜利和目标背后，

在荣耀与名声背后，

他感到灵魂中燃起火焰，

源自比赛的精神。

我所等待的障碍在哪里，

那些由敌对的神明所立下的障碍，

他感受到了反抗命运的激动和颤抖，

他乘风破浪。

有人在火焰中枯萎，

有人在灾祸中坠落，

有人落后或疲惫不堪，

有人在挫折面前崩溃。

而他感到全新的、更加深刻的喜悦

引领着他继续向上攀登，

因为考验永远意义重大，

让他深深享受其中。

具有竞争意识的领导者享受奋斗和考验本身，因为奋斗和考验赋予了奖品的真正价值。你有义务将这一理念灌输给下属们。

许多年前，当我有幸能够去领导他人时，我真的设想过，如果我是一名优秀的教师，我会坐在看台上关注 UCLA 的比赛，看选手们一如既往地保持着高水准的发挥——前提是，我做了我该做的事，我教会他们全力以赴。

信念和耐心

在通往成功的旅程中，你可能会沮丧、疲惫，面对挫折和严重的障碍；但作为领导者，你必须无所畏惧。因而，我将代表耐心和信念的灰浆注入金字塔顶端。它们位于顶点的排布有其象征意义，意味着这两种特质必须贯穿于整个金字塔结构，确保构件与构件之间、层级与层级之间能够牢固契合。领导者要有坚定的信念，事情会按照理所当然的轨迹发展——对未来要有无限的信心。

明智的领导者深知，完成重要的任务需要时间。如果远大的目标可以被快速达成，那么这个世界上的成功人士恐怕要多得多。然而，大多数人，包括许多领导者，他们缺乏耐心。本杰明·富兰克林（Benjamin Franklin）深知这一点："所谓天才，不过是比旁人拥有更多的耐心。"

成功是能够触及的，前提是你得正确定义它，即竭尽所能去做到最好。将其作为你的行事准则，你便立于不败之地。这 15 种个人特质，这些金字塔最耐久的构件——只要你具备它们，并以此指导你的行动——会引领你和你的组织走向成功。

父亲的话很好地形容了这一切："只要你做到了最好，你就可以称自己是成功的。"你或许还可以称自己是一名伟大的竞争者——一名立于顶点的领袖。

成功

作为一名教师、教练和领导者，我的目标都是帮助学生或球员挖掘出他们最大的潜能，无论是作为个体还是作为团队中的一分子。

> "竭尽全力，达己最佳而感到自足，由此得内心平静，谓之成功。"

金字塔所展现的这 15 种个人特质相当于一本垂直领导力手册，清晰而简明地揭示了成功的必要条件——当然是我所定义的成功。具体来说，我希望我的学生和球员都能具备这些特质，同样地，他们也可以在我的身上找到这些特质："作为一名老师，金字塔就相当于我的教材，而成功则是我要讨论的主题。"

你成功了吗？只有你自己可以回答这个问题，无论是现在还是将来。

我成功了吗？我相信我是成功的，但这和那些最终比分、头衔或冠军奖杯并没有什么关系。

在努力中寻找满足

每当被问及："伍登教练，你是如何斩获那些全美冠军的？"我的回答是："不是我，而是我的团队赢得了那些奖杯。"更重要的是，我的成功也绝非因为那些冠军纪录，而是我已经尽己所能去成为一名最好的教师、教练和领导者——在我的能力范围内。我的成功源自我的这份努力，而这份努力也会继续指引我获得更多的成功。那些冠军纪录不过是个"副产品"。

> **真正的成功——个人的成就——不应该取决于最终的比分或盈亏线**
>
> 意识到这一关键的真理——我的哲学中的一个核心原则——对于真正的领导力来说极为必要：不要让任何人，包括你的竞争对手，去定义你和你的组织。你应该凭依的是，金字塔中的那些特质、品格及其对全力以赴和成功的定义。

即便旁人会根据一系列人和事去严格地评判你，例如最终的比分、盈亏线或冠军头衔，它们既不是最苛刻的标准，也不是最有效的。

纵观我的职业生涯，我从未允许旁人强迫我接受他们的标准，他们所认为的成功的要素。最高的、最纯粹的，同时也是最严苛的标准，就是个体在全力以赴方面所做出的努力，这一标准将激发你最完美地发挥，继而达到宝贵的"心安"。

Regarding pressure - largely self-imposed by every truly conscientious coach, no regrets if you can answer to yourself.

在我大部分的职业生涯里，无论是作为一名教师、教练还是领导者，我一直践行着这一准则，它指引我和其他人为竞争做好准备。

我成功了吗？是的，但仅仅是因为我看着镜子中的自己，可以诚恳地说："我竭尽了全力——近乎是 100%——做到最好。"我为自己付出的努力深感骄傲，并从努力中获得了巨大的满足。时至今日，当我回过头去审视那些年的自己，我可以昂首挺胸，就像每次比赛或练习赛结束后，球员们走下球场，我都希望他们能昂起头来。在我看来，个体的领导风格同其本质密不可分。而我的领导力的基础——我是谁——就包含在成功金字塔中。

所有这一切，都始于一种实用的智慧，在印第安纳州的家庭农场里，父亲将它教给了我和我的兄弟们。

领导规则

培养团队热衷于奋斗的精神。

在竞争中保持高水准的队伍无一不享受比赛带来的刺激。以表面上看，他们在为赢得了比赛而努力，但在内心深处，他们热衷于努力和奋斗。强大的领导者鼓励团队享受竞争本身，并把结果看成一个副产品——尽管它很重要，但依旧是个副产品。

牢记：成功可能需要花上数月甚至数年的时间，但功亏一篑仅要几分钟。

这也是为何状态——身体、精神和道德层面——如此重要的原因。领导者必须让他/她的团队成员明确了解总负责人身份和个人责任的重要性。

永远不要让其他人定义你的成功。

只有你，领导者自身才可以，也应当去定义终点——成功。旁人会尝试将他们的定义强加于你。不要让他们得逞。给成功最恰当的定义，全力以赴之后获得的成功自然会属于你和你的团队。

当组织的力量超越了其成员力量的简单相加，它就是成功的。

让整体的力量大于部分的总和，这对任何一名领导者来说都是一项严峻的考验。没有哪个团队能够常胜不败，除非它的领导者实现了这一关键性目标。

第二部分
领导之道

第四章
良好的价值观吸引优秀的人

"品行的魅力是可以累积的。"——拉尔夫·瓦尔多·爱默生（Ralph Waldo Emerson）

我刚开始做教练的时候，每周末会为印第安纳州的一支半职业篮球队打球赚点外快，球队的名字叫作考茨基，老板弗兰克·考茨基是个体面的食品商，人很好。每场比赛我可以赚 50 美元。

那时我很擅长罚球，经过很多很多场比赛之后，不知不觉到了某个时间点，我连续命中了 100 个罚球。当我投中第 100 个罚球的时候，考茨基先生请裁判暂时叫停了比赛。之后，他来到球场上，向观众宣布他要奖励我：因为我连续命中了 100 个罚球，他奖励我一张崭新的 100 美元钞票。观众特别兴奋，当然还有内莉·伍登，很快她就以代为保管为由把钱据为己有。

要知道，考茨基先生并没有义务因为我连续命中 100 个罚球，或者是 1000 个，而支付任何额外的费用。这并不在我们约定的范围之内，我也从来没有期待过会额外得到哪怕 1

便士——仅仅是因为我发挥出了自己最好的水准。弗兰克·考茨基先生是一个善良的人，所以他才会这么做。

几年后，为了离家更近，以减少来回奔波的时间，可以更多地陪伴内莉和我们的孩子，南希·安妮和吉姆，我开始为另一支球队效力。酬劳是一样的，每场比赛 50 美元。

赛季初，我们有一场在克利夫兰举行的比赛，临出发前最后一分钟我才决定要开车过去，正好捎上我的一个队友。不幸的是，我们在路上遭遇了暴风雪，狭窄的高速公路上到处都是冰和雪，时速仅能达到 10 英里左右。经过几个小时令人几近崩溃的驾驶，我停在了一个加油站旁边，打电话给身在克利夫兰的球队老板，向他解释我们遇到的麻烦，告诉他我们或许要晚点才能到。他说："希望你们会比上次两个尝试开车穿越这片风暴的人幸运点。"我问道："他们怎么了？"老板答道："他们死了。"

即便如此，我们还是决定继续前进。我们到达比赛场馆的时候，正好赶上中场休息，对手领先了我们几分。我和队友很快换好衣服。下半场伊始，我站在了球场上，发挥得还不错，我帮球队夺得了胜利。

比赛结束后，我冲了个澡，准备去找老板拿我的报酬，老板脸上挂着大大的笑容——毕竟他的球队赢得了比赛。他向我表示祝贺，赞赏了我的发挥——"干得漂亮，约翰。我们需要你赢得比赛。"他递给我一个信封，里面装着我的报酬。他一边说着话，我一边打开了信封，里面只有 25 美元，只有我们谈好的价格的一半。

"另一半呢？"我问道。他看了看我，说道："伍登，因为迟到，整个上半场比赛你都没有打！所以我只能支付给你半场球赛的报酬，也就是 25 美元。"

好了，老板终于露出了他的真面目。我和我的队友冒着生命的危险驾车穿越暴风雪，就是为了来给他打球，我还帮他的球队赢得了胜利。然而，当他将那 25 美元递给我的时候，我就明白了，他并不在乎我们所做的这一切，但我在乎。他的价值观和我的价值观迥然不同。

因为那个周末我们还有一场比赛，我告诉他说我要拿回属于我的另一半报酬，并且我要他提前支付明天比赛的 50 美元。否则的话，我现在就回家。

他犹豫了一会儿，但最终意识到，为了保证第二天比赛的满座率和现场的狂热氛围，他需要我出现在球场上。老板妥协了，付清了我的报酬，尽管我很清楚，他是多么不情愿。

第二天下午，我打完了整场比赛，赢得也很顺利，但这场比赛我是为自己打的，我不会为这种老板打比赛。比赛结束后，我退队了，又重新和考茨基签了约。这支球队的领导者是很正直的人，我尊重他，他也尊重我，尊重我对他球队的付出，毕竟我付出了全部。

克利夫兰发生的事给我上了生动的一课。我意识到品行——做正确的事——是成功领导力的基础。在我执教的这些年——包括作为 UCLA 的主教练——这个道理愈发显现。

"Most anyone can withstand adversity, but to test a man's character, give him power."
Lincoln

共同的价值观

关于卡里姆·阿卜杜尔·贾巴尔（Kareem Abdul-Jabbar）是否是历史上最伟大的大学篮球选手这个问题，最好还是留给别人去评价。在我看来，他就是大学篮球赛历史上最有价值的选手。作为一名职业球员，他在为密沃尔基雄鹿队和洛杉矶湖人队效力期间，保持超高水准的发挥，并当选为 NBA 历史得分王，这一纪录一直到今天都还无人能打破。

卡里姆为 UCLA 效力的时候，名字还是小费迪南德·刘易斯·阿辛多尔（Lewis Alcindor, Jr.）。他在校队打球的那 3 年，棕熊队取得了 NCAA 三连冠和 88 场连胜（一共 90 场比赛）。如果他大一就可以进校队打球——那时按规定，新生是没有资格的——我猜 UCLA 会再捧一座冠军奖杯回来。原因很简单：在某场季前赛中，刘易斯所在的新生队对战 UCLA 校队，轻易打了个 75∶60。要知道，几个月前，棕熊队可是刚刚收获了 NCAA 全美总冠军！观众甚至都不敢相信他们看到的，这支卫冕冠军队伍到底是怎么了？

事实上，如果不是新生队的教练加里·坎宁安（Gary

Cunningham）在比赛最后几分钟把包括刘易斯在内的首发球员换下场，那么比分可能会更加一边倒。即便如此，刘易斯一人拿下了 31 分，面对 NCAA 冠军队，抢下了 21 个篮板球。（一些记者认为我会对比赛的失利大感惊讶，但实际上我很欣慰，毕竟 12 个月之后，刘易斯就会披上棕熊队的队服。）

显然，刘易斯本人对 UCLA 的篮球项目产生了深远的、积极的和长久的影响。但在此之前，某些事情深深影响了刘易斯本人。"某些事情"便是价值观。我相信刘易斯的故事——就像我在克利夫兰得到的教训——对任何组织来说都有其意义。具体来说就是：良好的价值观吸引优秀的人。

篮球，又不仅仅是篮球

当小费迪南德·刘易斯·阿辛多尔还是纽约鲍尔纪念中学的一名学生选手时，他在全国就已经很出名了，极佳的身体状态和个人能力让他在篮球比赛中游刃有余。同时，他还是一名优秀的学生，家庭背景也不错。全国的学院和大学恨不得都追在他的屁股后面跑，种种狂热的追捧、溢美的夸赞和慷慨的许诺纷纷涌向了这位身高 7.2 英尺的天才学生选手。不过偶尔，这样的身高也会引来尴尬。〔后来，俄克拉荷马州知名篮球教练亚伯·诺斯（Abe Lemons）告诉我说，他原本是要给刘易斯提供奖学金的，但当他听到了那个年轻人的回答之后，他就不想要他了。我问道："亚伯，他说什么让你觉得冒犯的话了？"诺斯教练答道："他告诉我：'不'。"]

几乎美国每一所大学的篮球教练都希望刘易斯能选择他们的学校，为此他们甚至会直接联络他本人发出邀请，而我从未安排任何会面。我职业生涯中的一个原则就是，不对学生选手进行校外招募。仅有的几次例外情形，我会去到某个年轻人的家里拜访他和他的家人——我当大学教练的 29 年里，也许只有那么 10 次或 12 次的样子。并且，会面必须由学生、家长或者他们的代表直接向我提出。对于那些潜在的生源，我是不会主动迈出第一步的，对刘易斯也不例外。我的原因很简单：我不认为我应该主动去劝说某个年轻人加入UCLA，为棕熊队效力。如果他没有迫切地想要加入我们，那么他最好还是选择去别的学校吧。

我认为，这个原则实际上有助于年轻人客观地去看待事物。同时，它还有利于淘汰掉那些"货比三家"只为寻找最优待遇的人，他们往往会等待我，或者其他人，主动走到他们面前，向他们推销自己的学校。然而，如果说一定要推销些什么东西的话，我更希望看到那些年轻的选手尝试向我推销点什么；让他们把握主动权，来联系我们。这至少能反映出他们有强烈的加入 UCLA 的意愿，他们想要成为我球队的一分子。

当然，不主动接触球员这一原则也有不利的一面，但我想我愿意去接受它。在刘易斯作为高中篮球新星横空出世前，还有两位身材高大且有天赋的年轻人大放异彩：来自费城欧

弗布鲁克高中的威尔特·张伯伦（Wilt Chamberlain）和来自
奥克兰麦克利蒙兹高中的比尔·拉塞尔（Bill Russell）。

尽管我希望能招募到他们其中的一人，或者两个，遗憾
的是他们本人或者他们的代表并没有联系我。随后，威尔特
选择了堪萨斯大学，比尔则去了旧金山大学，后者在 1956 年
NCAA 分区赛上带领球队击败了我们，那一年，他们成功卫
冕全国总冠军。

为你的组织物色那些胸中有抱负、有热忱的人

我一直认为不主动招募球员是正确的做法——在整个筛
选环节中有其内在价值所在。在我和某个年轻人探讨有关加
入球队的事宜之前，我最先想要看到的是他的表现，他有多
渴望成为棕熊队的一分子。如果一个人需要你的劝服，才同
意加入组织，或者他需要确信你的团队值得他的加入：这样
的人也就不用你多费神了。在招聘雇员的时候，一定要谨慎
分辨应聘者的动机；重点关注那些表达出强烈意愿的人：他
们渴望加入你的团队，希望为其贡献出一份力量，他们了解
你，了解你的组织。招聘应该是一个双向选择。

首要考虑的是价值观

我和刘易斯的会面要归功于他的高中教练杰克·唐纳休
（Jack Donahue）。他从纽约打电话给我，说他和刘易斯一起观

看了几天前 UCLA 和杜克大学的那场 NCAA 比赛。唐纳休教练紧接着告诉我，他这位年轻的学生选手已经把目标大学的数目缩减到了 5 个，UCLA 就在其中。因为我们会一同参加即将在宾夕法尼亚州福吉谷开办的教练训练营，他建议我们到时再详谈，我同意了。

训练营期间，唐纳休教练问了我一些关于 UCLA 篮球项目的问题，并向我简单介绍了一下刘易斯：他的家庭、学习成绩、态度、职业道德以及善于同队友打好关系等。唐纳休教练表示，刘易斯希望之后能去 UCLA 拜访并和我见上一面。

而我只提了一个要求：UCLA 是否可以成为他目标大学清单上计划拜访的最后一所学校？唐纳休教练说他会把我的要求转告刘易斯和他的家人。到大学参观的时候——尽管那天一直在下雨——刘易斯发现我们的确可以提供不少东西，包括一座崭新的体育设施——宝利体育馆。刘易斯到来时，它刚好可以取代老的人民体育馆投入使用。

不过，其他学校同样有优秀的篮球项目和一流的设施。此外，它们还有 UCLA 所无法比拟的其他优势：它们距离刘易斯纽约的朋友和家人更近。换句话说，在给自己的未来做决定的时候，刘易斯实际上有大把的选择——众多的大学和机会。

那么，为什么科拉（刘易斯的母亲）、老刘易斯·阿辛多尔和他们的儿子最终选择了 UCLA？有几个方面的原因，其中以下四点格外引起了这位年轻人和他父母的共鸣。这四点理由都涉及他们的价值观。

平等的证据：某天晚上，刘易斯和父母正在看《埃德·沙利文秀》，埃德·沙利文特别介绍了拉福·强森，前 UCLA 篮球队员，而后的奥运金牌得主，我曾是他的教练。拉福的介绍中提到了他的体育学分，在最后他总结道，我是作为 UCLA 全体学生的代表来到纽约的。他是 UCLA 的学生会主席。而 UCLA 的学生，毫无疑问是白人居多，他们选举了一名黑人学生做他们的代表。当然，其他大学也有类似的典范，但就在那晚，埃德·沙利文用鲜明的示例向阿辛多尔家族展示了 UCLA 的价值观。

学术价值：UCLA 的学术标准很高。选择就读 UCLA 的学生选手们都获得了良好的教育，并且他们都顺利毕了业。

真诚而可靠的推荐：刘易斯还收到了一封来自前 UCLA 篮球队成员的信，他为学校的理念和原则做了担保。寄信人是诺贝尔和平奖获得者拉尔夫·邦奇（Ralph Bunche）博士，他是主动要写这封信的。邦奇博士是个黑人。杰基·罗宾森（Jackie Robinson），首位在职业联盟打球的黑人棒球选手，同样写了一封信，信中表达了类似的观点。

"色盲"：威利·诺尔斯（Willie Naulls）——纽约尼克斯队成员，效力于 UCLA 期间曾当选全美最佳阵容——告诉刘易斯，约翰·伍登是个"色盲"，比赛的时候他不会管你的肤色。

价值观、标准、理念和原则，这是刘易斯和他的父母——科拉和老刘易斯非常看重的。学校同样很看重，我也不例外。良好的价值观就如同一块磁铁，它们吸引优秀的人。

Your Education

1. You are in UCLA for an education. I want every boy to earn and receive his degree. Keep that first in your thoughts, but place basketball second.

2. Do not cut classes and do be on time.

3. Do not fall behind and do get your work in on time.

4. Have regular study hours and keep them.

5. Arrange with your profs in advance when you must be absent.

6. Do not expect favors. Do your part.

7. Boys on grant-in-aid should arrange for tutoring through the Athletic Department at the first indication of need.

8. Work for a high grade point average. Do not be satisfied by merely meeting the eligibility requirements.

9. Those on campus jobs for grant-in-aid must arrange to get in the required hours. Do your assignment without comparing it with that of another boy.

10. Earn the respect of everyone, especially of yourself.

价值观有利于营造正直的氛围

领导力不是意味着强制别人按你说的去做。那是狱警干的事。优秀的领导者善于树立信念——在他的领导哲学中，在组织内部，在各项任务中。在价值观真空的情形下，无论是在赛场上打败竞争对手还是提高账目上的利润率，人们唯一在意的只有结果，而树立信念的难度是非常大的。

　　我要说明的是，结果当然重要，并且相当重要。但如果这是公司唯一的目标，那么与其签约的雇员往往也是动机不纯的。比起享受比赛的过程，这种类型的员工更加注重结果。这意味着，他们不太会倾向于付出"胜利"所需要的那种艰苦努力。在困境时，他们更容易放弃，当更好的机会出现在眼前时——无论是更容易获取胜利还是会赚更多的钱——他们会迫切地选择离开。这些人的忠诚度薄如纸片。而如果团队的忠诚度还不及一张一美元纸币的厚度，团队是不可能长久地维系下去的，当然也不可能获得成功。

　　眼中只有胜利的人通常会为了得到它而不择手段。这样的人对组织来说是很大的威胁。都不用往远看，每天的报纸头条都在告诉你这样的事实。

```
Never stoop to playing dirty -- play hard and don't com-
plain.
```

　　品行很重要，没有好的品行，就算再有天赋的个体也是累赘——是团队的潜在威胁，无论他／她是老板、领导、教练，还是团体中的任何一名成员。

　　我希望可以和这样的人一起享受比赛：他们和我分享共同的行为准则，他们所认同的价值观体系对我来说也很重要。

然而这种情形并不总是会出现；毕竟，我们是人类。想要把它变成现实，很重要的一点就是：向大家展示你的价值观，让外部世界——潜在的雇员和其他人——了解你坚持的东西，了解你是什么样的人。这样一来，你才会吸引那些秉持相同原则和标准（竞争的行为准则）的人，而反之亦然，就如同克利夫兰的那位球队老板，对于他来说，我对他球队的承诺和忠诚还不值 25 美元。

对于我来说，成功金字塔明确了我所珍视的行为准则和品行，不论是在球场上还是场下。此外，对于父亲精心提炼的"两个三不"原则我也深表认同：两张清单，每张上面有三句告诫。他教导我和我的兄弟们："永远不要说谎，不要欺骗，不要偷窃；不要无病呻吟，不要抱怨，不要找借口。"

> "永远不要说谎，不要欺骗，不要偷窃；不要无病呻吟，不要抱怨，不要找借口。"

记住容易做到难。尽管如此，这是我期待看到的行为，我教导所有的球员都去这么做。

宣传你的形象

为了保证你的价值观得到充分的展现，你或许需要做一些"宣传"。行动比语言更有说服力，但语言也很重要。你需要采取行动确保大家了解你所坚持的东西。每个赛季伊始，我都会向大家分发成功金字塔的复印件，我的办公室还挂着一幅巨大的金字塔像。根据你所在的行业和组织，找到适合自己的方式和方法。什么是你个人版本的《埃德·沙利文秀》和拉尔夫·邦奇博士的推荐信？

品行是你做了什么

至于我如何尝试教导球员树立正确价值观、培养良好品行，有一个小例子。你或许会觉得它无关紧要，但我相信它教给我们的道理远不止表面那么简单。

篮球选手经常会把他们的棉质 UCLA 训练 T 恤带回家，像是某种纪念品一样，他们会穿着它出现在校园里或其他什么地方。出于某些原因，这些 T 恤非常受欢迎。我不认为有些学生选手把它们拿回家就构成了"偷窃"，就像公司员工也会带些诸如纸笔一类的办公用品回家一样。但我对这种行为有不同的看法。拿走不属于你的装备就是错的。"如果你想要一件 T 恤，"我会告诉他们，"尽管来问我要，我会给你一件。但不要直接拿走，那不是你的。"

这件事对我来说很重要，因为它关系着我想要的那种球员。如果某个我在意的人做了什么错事，我不会视而不见。拿走不属于你的东西就是错的——哪怕它仅仅是一件棉质的训练 T 恤。那时，我认为这很重要，我现在依旧这么认为。我可以肯定，即便在那之后，还是有人会把 T 恤直接带走，但至少我让他们知道这是不对的。我同样确信，有些人因为我的话改变了他们自己的行为，变得更好。更进一步来讲，球员在发现我对待这件事的立场和态度之后，也会借此洞悉我的价值体系和我所坚持的东西。亚里士多德曾说："我们的习惯造就了我们。"他指的就是品行——我们的日常行为所体现出来的价值观和习惯，揭示了我们的本质。我希望帮助球员养成良好的习惯，不单单是在篮球技术方面，还有更基本的，如何做一个好人。因而，哪怕是小到把毛巾按原位置放回毛巾架这种琐事，我也认为其意义重大，它关系到我的整个原则和信念体系——价值观——而非仅仅是把自己收拾利索。

有些学生选手觉得自己高人一等，会随手把东西丢在地板上，让学生经理不得不跟在他们身后收拾烂摊子，这是一个非常不好的习惯，它会导致自私、马虎和失礼于人——三个我格外不喜欢的性格特征。要求每一位学生选手自己打理好自己的一切，有助于培养他们良好的习惯、行为和思维方式，球员会把它们带进团队中，带到赛场上。（我由衷地希望，在篮球之外，我的一些教导能够影响球员日常生活中的言行举止。）

榜样的力量

我看中的是球员的品行，而非他本身是个什么"人物"。

对我来说，品行的定义非常简单：尊重自己和他人，尊重比赛，无论是在篮球、商业还是其他领域。品行显现于微末之处，如打理好自己，但它影响重要的事情，如绝不骗取胜利。

Attitude and Conduct

1. Be a gentleman and do nothing that will bring discredit to you or your school -- on or off the floor when at home or away.

2. Develop great personal pride in all phases of your play -- offensively and defensively as an individual and as a team man.

3. The player who has done his best has done everything, while the player who has done less than his best is a failure.

4. Be a keen student of the game. Basketball is a mental game: perhaps, 50% fight and 50% knowing how.

5. Truly believe that you are better than your opponent in knowledge of the game, in condition, and in fighting spirit and you will be mighty difficult to defeat.

品行优良的领导者吸引同样具备良好品行的人才。当团队成员都能够坚持和拥护你崇高的理念和原则时，想想看团队的人力资源质量会有多高！再想想看如果他们不这么做的话会如何——倘若你起用了一名品行不怎么样的下属，你相当于在一桶新鲜的苹果里放进去一个腐烂的苹果。对于领导者来说，这无疑是个糟糕的决定。

因而，我相信你的内在——你相信什么——很重要，但你的行为更加重要，重要得多。事实胜于雄辩，要让大家都感受到你的价值观，继而，你的价值观才能够作为团队的一部分，对你的追随者或你想要吸引的人产生影响。南加州大学商业管理教授和领导力学院创始主席沃伦·本尼斯（Warren Bennis）曾说："成功的领导力不是要你表现得严苛或温和，敏感或独断，它是一系列属性的综合体，其中首要的便是品行。"

> "成功的领导力不是要你表现得严苛或温和，敏感或独断，它是一系列属性的综合体，其中首要的便是品行。"

论及品行和价值观时，你不需要去成为一名布道者，一位称职的教师都明白树立榜样的重要性，特别是关系到原则和价值观时。从某种层面上来说，这也是小费迪南德·刘易斯·阿辛多尔会看中 UCLA 的原因所在。通过多种渠道，他发现，双方所秉持的价值观是一致的。

我曾经面试过一位非常有天赋的年轻人，他想通过申请一项篮球奖学金来 UCLA 读书。在会面期间，我甚至已经准备要提供给他这份奖学金了。他的母亲当时也在场，在谈话进行中的某一刻，她礼貌地问了我一个问题。而她的儿子却立刻转头看向她并出言打断："这你都不知道？闭上你的嘴，好好听教练说话。"我向她保证她的问题没什么大碍，并做出了回答。

不过，那个年轻人却暴露出了他不太好的那一面。事实上，我无法接受这一点：对自己母亲的不尊重。如果你都不能尊重她，我怎么能期待在遇到困难时他会尊重我？我礼貌地结束了会面，借故离开。那份奖学金也就自然没能给出去。

这位曾经对母亲如此粗鲁的年轻人去了另一所学校打篮球，打得很不错。实际上，他还帮助他的队伍不止一次打败了 UCLA。除此之外，我很庆幸及时发现了如此重要的事情，以免他用自己的那套"价值观"污染我的球队。

作为一名领导者，你的行为——你做了什么——打造了整个团队运行的环境。对某些领导者而言，他/她可能觉得做什么都行。但对我来说，成功金字塔、父亲的"两个三不"以及最简单的理智和正派，规范了我的行为。我相信这也就是文斯·隆巴迪（Vince Lombardi）会觉得不悦的原因之一，因为他看到某个评论员这么形容他："虽然胜利不是全部，但胜利是唯一重要的事。"这意味着隆巴迪教练认可为了胜利可以不惜一切代价。而实际上他所认可的——如同我所理解的他的信念——是尽全力去比赛，而非"千方百计"地去赢。

这当中是有区别的，并且差别很大。隆巴迪教练相信正确价值观的力量，我也一样。如果你丝毫不在乎团队里都是些什么人，只要他们为团队带来胜利，我很怀疑你是否能够获得持续而长久的成功。更进一步讲，如果你完全不在乎下属的行事作风，你也不是一个优秀的领导者。

品行和价值观至关重要。而你，作为一名领导者，需要在组织里为它们确立标准。这里我会谈几点额外的想法，或许会帮助你通过树立榜样建立一个成功的组织。

领导规则

教导品行是很难的。

每当有父母问我："伍登教练，您能教导我儿子品行吗？"我告诉他们我不能，如果他们自身不具备，我也不可能去塞给他们。一名领导者，可以教授很多事情，但品行却没那么容易教授，尤其当对象是那些走到你桌前的缺乏良好品行的成年人。领导在用人时，一定要注意考察对方的人品。不管他具备多么优秀的才华，如果人品不过关，一切都免谈。

品行显现于微末之处。

还记得 T 恤的例子吗。所有领导者都应该规划好自己的日常事项，以期做出改变。可以是包括从保证准时到在截止日期前完成工作在内的一切事项。有时也可能涉及较为微妙的工作，例如经理如何同员工或行政助理谈话。重要的是，让其他人知道你对他们的期待，并在有人违反了你的行为准则、价值观念或原则标准时，及时通知违规者。

品行不只是诚实。

个体可以做到一贯诚实但依旧缺乏良好的品行。怎么说？他 / 她可以诚实但自私，诚实但纪律散漫，诚实但不公平，诚实但失礼于人，或者诚实但懒惰。诚实是一个好的开始，但光有诚实还远远不够。无论是对于领导者还是团队成员来说，仅仅讲真话是不够的，良好的品行意味着更多东西。

警惕那些为胜利不择手段的人。

不择手段的胜利之代价可能是非常昂贵的——事实上，有时甚至是致命的。一套良好的价值观体系是成功领导力和伟大组织的一部分。警惕那些会为了胜利不择手段的人。这不是一个优秀的竞争者所应持有的态度，甚至可以说，他是一个有着巨大缺陷的竞争者。寻找那些热衷于战斗且尊重游戏规则的人。

关于伍登

卡里姆·阿卜杜尔·贾巴尔：1967—1969 年，UCLA 校队成员；曾三次获得全美总冠军。

伍登教练的梦想之地

你或许看过凯文·科斯特纳（Kevin Costner）的电影《梦想之地》（*Field of Dreams*）——"你盖好了，他们就会来。"伍登教练做到了。他用某种特有的方式打造了他的篮球——从竞技、伦理和道德方面——因为他相信这样会吸引某类特定的人；他想要这类人成为他的队员。

而如果他的这种方式没能成功，他也可以接受，因为至少他认为这种方式本身是有价值的；从任何方面来说，他都认为它是有价值的。所以，他就计划去那么做。伍登教练就好像是某种神秘学者一样，他知道会发生些什么。他是对的——当他盖好时，他们就来了。我就是其中一个。

我选择 UCLA 很大的一部分原因要归结为共同的价值观，那些我看到的和听到的东西。拉尔夫·邦奇博士和杰基·罗宾森写信给我，他们说 UCLA 是一个非常棒的地方，适合求学和搞体育运动。威利·诺尔斯告诉我，伍登教练不是一个种族歧视者。

而促使我作出决定的一个重要原因是看到了《埃德·沙利文秀》上的拉福·强森。我知道他是世界一流的运动员，但他却是作为 UCLA 的学生会主席参加节目的。这意味着，这所学校对他的欣赏不仅仅因为他是一名运动员。它向我揭示了许多关于 UCLA 本质的东西。

伍登教练梳着中分的发型，看上去像是打翻了一盒佩珀里奇农场曲奇。这很容易让人产生错觉。而在体育馆里，他则是一个非常非常严厉的男人，要求还特别高。他想用某种方式做事时，他会先完成它，然后告诉你方法。

我进 UCLA 的时候，伍登教练已经 57 岁了，几乎比我们其他人大上快 40 岁。但他从来没有要求球员做任何他本人做不到的事。如果领导者愿意挺身而出，与你并肩前行，你会心存感激。你没有仅仅是在听那些光说不做的人喋喋不休。他知道他在说些什么，所以他值得相信。他值得尊重。

他从来没有提及过胜利。伍登教练常说："伙计们，拿出你们最好的状态。我们上！"而不是说："伙计们，我们要赢。"两者有很大的不同。

种族？宗教信仰？这些都无关紧要。重要的是你在赛场和教室里付出的努力，是你的行为举止、表现和你的价值观。当然，还包括良好的职业道德。

他要我们尽最大的努力。而如果这还不够好的话，那么他会接受这样的结果。伍登教练会认为，也许事情本来就应该是这样子的。但首先，他要我们付出最大的努力，而后他才会说："事情就该是这样子。"

在 UCLA 仅仅训练了两周，我已经为伍登教练的行事风格深深着迷——他要我们致力于提高技术，然后把每个人的力量都结合起来，组成一支队伍。

当比赛规定禁止扣篮时，他告诉我："刘易斯，每个人都要遵守这样的规则，无论他是谁。这个游戏可不仅仅是扣篮那么简单。所以尽管继续打下去；任何人都一样。"非常地实事求是，因而从理智层面上讲，我很快就适应了关于禁止扣篮的规则改变。

作为一名领导者，他非常强大的资本之一就是他的耐心。很多球员会对各种各样的事情抱有怀疑，这需要点时间来说服他们。伍登教练会让他们用自己的办法来尝试——然后失败。他很擅长这个。这是最好的教导方式。因为当尝试失败之后，他们会想要知道怎么做才是对的。比起去证明教练是错的，他们更想要知道如何把事情做对。

接下来，这位 57 岁的男人，他会走出来，向他们演示到底该如何去做。

他知道怎么做才是对的——无论是打什么位置。

第五章
不要忘了那个最强大的四字母单词

> "我喜欢你们每个人的程度未必相同，但我会永远同等程度地爱你们每个人。"

在某个时刻——我本该早点意识到——我发现优秀领导力最有效的模式其实是称职的父母。教练、教师和领导者，在我看来，都是为人父母的一种基本变体。如果说养育子女是世界上最为重要的工作，那么担任领导者也不遑多让。领导职务赋予个体机遇和责任，让他／她有能力改变生活，成就一番事业，我对此深表敬畏。对我来说，担任领导者是一个神圣的职责。

无论是在体育、商业还是其他需要奋斗的领域，领导者应该具备和体现的那些品质，在优秀的父母身上同样可以找到：品行、言行一致、可靠、责任心、知识、精准的判断力、无私、尊重、勇气、纪律、公平和保障。

但即便这些品质可以使你成为一个优秀的领导者，它们也不足以令你成为一名伟大的领导者。伟大的领导者还需要一种额外的品质——或许是最重要的一个。尽管在当今体育和商业领域混乱的竞争环境下讨论这个显得有些不合时宜，但我相信，你心中必须怀有对下属的爱。因为我有。

对父母来说，家庭是第一位的；对一名优秀的领导者来说，团队不亚于一个大家庭。那些追随你的人并不是随机挑选的，他们出现在你的门前，花上点时间，然后去领薪水——不是的。至少，他们不该是这样。

对我来说，球队的成员从来不是可随时接入的插件，不是个人价值仅仅同得分挂钩的"运动健将"。从来不是。事实上，除了我的至亲，他们就是我最亲近的人。球员都是我的大家庭的一分子。而爱存在于每一个温馨和睦的家庭里。你必须切实关注团队成员的生活和他们的福祉，并在一个有组织有纪律的环境内，将这种在意通过关心和支持表现出来。不过，我的确是花了一些时间才明白这意味着什么，以及如何将其运用到我自己的实践中。

有些人更喜欢，有些人更不喜欢

早年我在肯塔基州代顿中学和印第安纳州南本德中学执教时，每当新赛季伊始，我都会告诉全体队员，我会对他们一视同仁。当然，这不是真话。有些人我真的受不了。这让我很困惑，因为教练似乎应该喜爱所有他执教的球员，甚至和他们做朋友。我希望我能喜欢队伍里的所有人。

我作为选手时的亲身经历便是如此。普渡大学的沃德·兰伯特教练看上去好像平等地喜欢着我们队里的每一个人，我当他是朋友。而我的队友们，在我看来，也有同样的感受。我高中在马丁斯维尔打篮球时，情况亦然。

而作为一名教练，我发现这种关系并没有出现在我和某些队员身上，我很在意这一点，情况好像不太对。但后来，芝加哥传奇美式足球教练爱默斯·阿隆佐·史塔哥（Amos Alonzon Stagg）的一段话让我茅塞顿开，令我加深了对领导者和组织之间关系的理解。史塔哥教练说："我同等程度地爱我的每一位队员，但我并非同等程度地喜欢他们。"他发自内心地热爱着球队里的每一个人，但却不一定"喜欢"。

> "我喜欢你们每个人的程度未必相同，但我会同等程度地爱你们每一个人。无论我喜不喜欢你，我的情绪都不会影响我对你的判断，你的努力和发挥我都看在眼里。你会得到公平的对待。这是我的承诺。"

等到了 UCLA 之后，我改变了每个赛季伊始的惯常训导，我所表达的内容受到了史塔哥教练观点的影响。交朋友既不是领导者的责任也不是目标，我会这样告诫我的队伍。

就像父母未必会每天或每周都同等程度地喜欢他们的每一个孩子，但他们对子女的爱确实是永恒的。

那些不喜欢我的队员

我同样发觉，随着时间的推移，不是所有的球员都会同等程度地喜欢我——这没什么。安迪·希尔（Andy Hill），一位三度斩获全美总冠军队伍的替补球员，从 UCLA 毕业后整整 27 年没有和我讲过话，因为他不能接受我的决定。什么决定？首先，我没有选他作为首发球员，他不喜欢这样。安迪在高中篮球打得很好，没能成为 UCLA 的首发阵容让他不能接受。关于我让他坐板凳这点，他感到非常不悦，或许还有些记恨。

有时候，你的孩子会记恨你，哪怕你做的一些事是为了他们好。但最终，就像安迪一样，他们会想通。经过了 27 年的时间，他终于发现自己的老教练当初的做法是有道理的。他甚至专门打电话来告诉我——我是对的。

诚然，"什么是对的"往往是领导者被迫作出的最为困难的决定，而强大的领导者必须做好心理准备，一些组织成员会抗拒，甚至会对你的判断和决策表示愤怒。有时候，领导者会被认为是某种孤独的职业，这只是其中的原因之一。你是负责做最终决定和做最困难的决定的那个人，而其他每个人都可以选择坐在场地边发牢骚。

即便是最和睦的家庭内部也会产生不良情绪。但当爱存在时，坚强的家庭可以渡过难关。团队——你的组织——就是一个家庭。爱将每个成员黏合在一起，领导者要最先懂得去爱人。

27 年后，安迪打电话来，我非常开心——就好像父亲在迎接他远行许久终于归家的儿子。当我接通电话，对面传来一个声音说道："伍登教练您好，我是安迪·希尔。还记得我吗？"我答道："安迪，你去哪儿了？"

没有人在意你知道多少（直到他们发现你有多在意）

爱未必会征服一切，但它足以征服很多东西，心中有爱的领导者等于披上了盔甲，他／她能够更好地面对组织成员引发的挑战、意见分歧和困境。

没有爱，你能够成为伟大的父母吗？恐怕不行。就组织领导层面而言，答案亦然。UCLA 棕熊队的队员们，以及所有我在印第安纳州立师范学院、中南本德高中和代顿中学执教过的球员们——几十年间数以百计的个体——都是我的大家庭的一分子。

尽管在我的执教生涯里，我从没有违反过招生规则，但当球员来到 UCLA 之后，我的确有几次无视了规定，但仅仅是出于向队员表达善意——爱和关怀。在 UCLA，每当节日——例如感恩节或者圣诞节——其间，如果队员碰巧不能和自己的家人一起过节，内莉和我都会邀请他们来我家吃晚饭。我们都知道这违反 NCAA 的有关规定，但这种规定我乐意去无视。在重要的日子里，年轻人理应和家人待在一起。

必要时，我会从监狱里保释那些违反交通规则的球员，尽管这也违反了规定。但让一个年轻人因为违反交通规则就在监狱里耗上一个周末？这没有道理。我会为自己的孩子做这些事，我同样也会为了我的球员这么做。

```
Coaching - Coach and player relationship

1.  Keep a close personal player relationship, but keep their
    respect.  Be sincerely interested in their personal problems
    and easy to approach.

2.  Maintain discipline without being dictatorial.  Be fair and
    lead rather than drive.

3.  Study and respect the individuality of each player and handle
    them accordingly.  Treat each man as he deserves to be treated.

4.  Try to develop the same sense of responsibility in all.

5.  Analyze yourself as well as your players and be governed
    accordingly.

6.  Approval is a great motivator.  Use the "pat on the back",
    especially after severe criticism.

7.  If you teach loyalty, honesty, and respect for the rights
    of others, you will be taking a big step toward a cooperative
    team with proper team spirit.  Jealousy, egotism, envy, crit-
    icism and razzing of each other can ruin this.

8.  Consider the team first, but don't sacrifice a boy just to
    prove a point.
```

1950 年的某场比赛前，我发现球队队长艾迪·希德瑞克（Eddie Sheldrake）的妻子生病了——虽然不是那种会危及生命的疾病，但情况有点严重。艾迪认为，作为一名真正的球队成员，如果待在家里而不去外地比赛的话，对棕熊队来说是一种背叛。我非常珍视他的这份忠诚，但同时也明白他现在最该做的就是留在家陪伴妻子。当我告诉他，他不可以去比赛时，艾迪如释重负。

我的这一系列关切行为都不是什么大举动，但我之所以要提及它们，是因为这些行动直接源自我对执教对象发自内心的情绪感受——爱。这很重要，让他们知道你是在意的。

教练，和组织的领导者一样，与其团队成员的关系可以是非常深刻和私人的，包含许多心理、教育和情感等层面的复杂因素。对商业领域的领导者而言，可能还要包含经济层面的因素。

你的直系亲人——配偶和子女——之外，你和其他人的关系能够亲密到何种程度？我的球员就是我的家人。他们取得的成就同样让我感到自豪，无论是在篮球上还是在其他领域。

如果你都没有把团队当作一家人，那么团队为何要把你当成一家之主？

我花了一些时间才懂得这个道理。你想让团队火力全开，你必须爱团队的每一位成员，尊重他们。我们处于一个犬儒主义盛行的年代。不要让愤世嫉俗阻挡爱，因为它只会令你认为下属尽是些可以简单更换的零件，可以随意使用和丢弃。

孤独是工作的一部分

随着时间的推移，我的想法也在不断改变，我发觉，即便一名优秀的领导者对组织成员怀揣着爱和真切的关心，"孤独"仍旧是其领导力中必需的一个部分。目的不是结交新朋友，而是做对团队有益的事，并且在这个过程中还要防范不要因疏忽大意伤及成员的利益。当我意识到在爱的大背景之下，依旧可以存在客观性——"孤独"之后，作为 UCLA 的主教练，我在做决定时变得容易多了，尤其是那些有可能会引发不愉快甚至是怨恨的决定。

在职业生涯的某一时刻，我也告诉过球员我会对他们一视同仁，如同我告诉我的两个孩子那样。在我看来，一视同仁意味着保证公平和公正。但逐渐地，我开始怀疑这种做法既不公平也不公正。那时起，我便开始宣称不可毫无差别——或差别很小——地对待每一位团队成员，个体需根据自身表现获得其应有的待遇。这听上去有点区别对待或者偏袒的意思，但实际上不是。

那些努力为团队做贡献的球员和那些没那么努力的球员，他们获得的待遇不应该是相同的。尽管团队里的每一个人都有其对应的角色和作用，某些角色和作用就是要比其他角色和作用更加难以替代。

如果说你组织里的某位超级巨星——业绩最漂亮的那个——都不能得到点其他人所没有的特殊照顾的话，这种想法太天真。这不是什么双重标准，这就是现实。然而，要避免一些"小恩小惠"出现在原则问题或涉及价值观的层面上，否则，大家很快便会认为偏袒和特殊对待才是常态。

我的一名球员曾经开玩笑说，如果他想违反宵禁规定的话，一定会选择和全美最佳阵容一道。这样一来，哪怕他们被发现，他也会免受纪律惩罚。这其实不是真的，但至少反映了我对待球员并非"一视同仁"。

他所提及的全美最佳阵容应该包括比尔·沃顿，他的一些行为经常在挑战我的底线。某天下午，就在我们要赶赴参加一场南加州大学举办的重要联盟赛事之前，比尔出现在球队大巴车附近，看上去邋遢透了。

很多年来，我关于到客场比赛的穿着和卫生方面的规定，从要求穿外套和宽松长裤，打领带、梳短发变为一种更加笼统的描述："保持干净和整洁的外观。"

张弛有度

而就在这一天，当比尔准备上车的时候，他看上去完全达不到"干净和整洁"——要记得，那时候可是嬉皮士盛行的年代。我没有让他上车，而是让他回家。他违反了在我看来非常重要的一条规矩，而这条规矩与大局相关。

如果我无视了他的仪容仪表，无异于给他的队友一个糟糕的暗示：比尔·沃顿受到了特殊对待，毕竟他很重要。"比尔可以违反规定，但你们不行。"这种认知不仅会引发异议，在我看来，很快它会导致其他人也违反规定。最终，规矩变得形同虚设，每个人都按照自己的意愿做事。

但是，当比尔成为一名素食主义者时，他要求不再吃训练时球队提供的统一餐食，因为统一餐食毫无疑问包括了牛排。即便我花费了很多心思考虑球员在比赛前应该吃些什么，甚至亲口敲定了包括牛排的尺寸和烹饪方式在内的许多细节，但我还是同意了比尔的特殊要求。

让违反了穿着和卫生规定的比尔上车会带来一系列衍生的后果，它影响的远不止比尔本人，还会有损于球队。而允许他不吃牛排改吃豆类和酸奶，在我看来，是可以接受的，尽管有些人认为这就是偏袒。如果你处在我的位置上，或许你会得出和我刚好相反的结论，但我认为我做得没错。这些事看上去琐碎，但我认为它们与领导的效能息息相关。

我努力尝试去避免在重要的事情上给谁特殊待遇，或者给人特殊待遇的感觉，但在不那么重要的事项上，可以进行灵活处理。如果其他人也不想吃牛排，我会根据实际情况去评估他们的要求。而如果其他人在上球队巴士前没有收拾好自己，他们会得到和比尔一样的待遇。

和早年不同，后来我在制定和执行规矩时变得聪明多了——就像爱着自己孩子的优秀父母一样。什么时候可以变通？什么时候又必须严守规则？这就是挑战所在了。

在多年的执教生涯里，我发现所有涉及养家糊口的复杂问题和答案同样存在于领导力领域。心怀爱意，你才有可能获得成功，去爱那些令你的组织成为一个真正的团队、一个大家庭的人。

爱是如此重要，它促使你在生活的方方面面都力求去做正确的事，包括领导他人。作为一个前英语教师，我对单词的意义很敏感。什么是爱？我给出以下的定义：

"爱是耐心；爱是和善。它不是嫉妒；它不浮夸，不膨胀，不粗鲁；它从不谋求私利；它不急躁；它不计较伤害；它从不因错误的言行而欣喜，它只拥抱真理。爱可以忍受一切，相信一切，给一切带来希望，让一切得以长久。"

怀揣有这种爱的领导者拥有一股强大的力量，他／她有潜力打造出一个同样强有力的组织。相信你或许注意到，我的灵感和前进的方向得益于诸多人或物，包括父亲、沃德·兰伯特教练、亚伯拉罕·林肯（Abraham Lincoln）和吉萨金字塔。而这一点关于爱及其本质的微不足道的智慧则源自《圣经》。

那些缺乏爱的领导者，某一天当他们回头时会发现，自己已无人追随。这个大家庭将不复存在。对团队成员来说，对你们共同走过的旅程来说，甚至是对于竞争本身，爱都是必不可少的。

参考下面的建议，努力去打造一个更加强有力的组织吧，让每个成员都像家人一样联结在一起。

领导建议

用爱去领导。

伟大的组织内部无不彰显出非凡的凝聚力。对我来说，这份凝聚力包含了真正的爱，对此我并不觉得奇怪。我用心去工作，用心去对待和我一起工作的人。有归属感的团队具有非凡的力量和适应性。而一个优秀的家庭——无论是在生活中、体育领域还是在商业领域——都充满了爱。（注意：它还应具备合理的结构、严明的纪律和个人的牺牲。）

你不需要用同样或相似的标准去对待每一个人、喜欢每一个人。

在组织里，你或许有偏爱的人，但不要让偏爱取代公平。为了确保公正，给予每个人应得的待遇。

寻找机会，表达你的关切。

对小事的关注通常最为可贵——它是兴趣和关切的真正体现，是援助之手，代表着个体的认同。我从未把职业生涯和私人生活割裂开来，在合适的时间，我会邀请球员和教练来我家做客。我了解他们的家庭，也了解他们在篮球领域之外遇到的挑战。大多数时候，这份关心才是最重要的。

掌握好时机。

对于政策而言，高效的领导者懂得张弛有度的道理。认清各条规章制度之间的区别：什么是可以偶尔放弃的，什么又是关乎你的哲学核心问题。例如，我的着装要求关乎的不仅仅是个人问题，但用豆类和酸奶取代牛排则不然。了解两者当中的区别才是最具有挑战的事情。好的领导者总能掌握这个时机：什么时候可以灵活处理？什么时候又必须按规章制度办事？

关于伍登

吉姆·鲍尔斯（Jim Powers）：1941—1943 年，中南本德高中校队成员；1947—1948 年，印第安纳州立师范学院校队成员。

不抛弃任何一名家庭成员

第二次世界大战后，我退役去了印第安纳州立师范学院，因为伍登教练在那里任职。很多前中南本德高中的球员追随他去了那里，因为我们想回到他所打造的那个篮球大家庭中。

战争期间，在意大利的某片油田执行空袭任务时，我驾驶的 B-24 轰炸机被击落，差点就死了。那之后很长一段时间，我都想离飞机远远的，包括我在印第安纳州立师范学院的那段日子。当印第安纳州悬铃木队准备飞去纽约参加一场在曼迪逊广场花园举办的比赛时，我告诉教练："我不会上飞机的。你们可以不带我，但我不会上飞机。"

教练拒绝把我丢下，他找了辆旅行车，我们开去了纽约。这就是家庭，没人会被丢下。

1947 年，我们受邀参加一场全国级别的重要联赛。只有一个问题：他们禁止黑人参赛。我们其中一个队员——克拉伦斯·沃克（Clarence Walker）正是黑人。伍登教练拒绝了邀请。

他不会丢下克拉伦斯。

第二年，我们再次受到了同样的邀请。而伍登教练又一次回绝了。这次，主办方妥协了。他们改变了规则。伍登教练这才接受了邀请。悬铃木队在决赛中输给了路易斯维尔。

我们全队都去了，每个人都上场比赛，包括克拉伦斯。不会抛弃家人。至少，伍登教练不会。他对我们的关怀远不止于篮球。我们是这个大家庭的一分子。

第六章
称自己为一名教师

> "任何书面文字或口头请求都无法让你的团队成为它应有的样子。"

外界一般是通过印在名片上的头衔来了解你的职位，你是做什么的，如销售经理、执行总裁、生产主管等。然而，你的名片向他人传递的更重要的信息是，你的专业领域是什么，或者说，你本人是谁。不要被头衔误导。

在大多数评论员眼里，我的头衔是"教练"，但我不会把"教练"放在简历的首要位置或者印在名片上。从早些年起，我就认为我的首要工作是教书育人：我是一名教师。

我认为，高效的领导者首先必须是一名优秀的教师。我们正处于一个教育产业里。无论是在课堂上还是在球场上，我的工作都是一样的：有效指导球员发挥出他们最大的能力，以最好地实现球队的目标。我相信对于任何组织的高效领导者来说，道理都是一样的。

那些有经验的体育教练，他们所掌握的关于比赛的知识技巧都大同小异。基本上，所有教练都要根据相同的信息做评估，从同一个人才库里做筛选，并且都受限于相似的财务要求。就算不是经常，但至少大部分时候是这样。而区别实际上在于，这些领导者是否称得上高效的教师，在打造一个成功的组织的过程中采取了必要的行动"让球传递下去"。

你的头衔是什么？请称自己是一名教师。把它印在你的名片上，牢记在心。不过，我必须承认的是，仅仅自称为老师是不够的。你还必须知道如何教人。

1933 年，我和内莉搬到肯塔基州准备开启我的事业，那时我信心满满，尤其是对篮球。毕竟我在普渡大学锅炉工队效力时，曾三度当选全美最佳后卫，也算实至名归——斩获全美总冠军也就是几个月之前的事。大三的时候，我还是校队的队长。再之前，我高中的校队——马丁斯维尔阿图瓦人——连续三次杀入印第安纳州高中篮球联赛决赛，并于 1927 年夺冠。因为篮球打得好，他们奖励了我 5 000 美元的奖金，以鼓励我进军职业领域，加入老牌的波士顿凯尔特人队。

作为一名球员，所有的经历和技巧让我笃定我对篮球相当了解——我的确是。但不幸的，我对如何教人则像个蠢货似的一无所知。

> The coach must never forget that he is, first of all, a teacher. He must come (be present), see (diagnose), and conquer (correct). He must continuously be exploring for ways to improve himself in order that he may improve others and welcome every person and everything that maybe helpful to him. As has been said, he must remember, "Others, too, have brains."

我至今仍然记得，我担任篮球教练第一天站在代顿球场上的情形。我是一个不懂得如何教人的领导者，但那时我并不清楚这一点。不会教人的领导者不可能会带出像样的篮球队——或者其他别的什么。而我的确没有。

我的教练生涯是以一个失败的赛季开始的，我丰富的经历、我的获奖纪录和我在篮球上所积累的全部知识通通不管用。事实上，其中一场比赛我们输给了我的母校——马丁斯维尔高中，执教的是我的前教练格伦·柯蒂斯。或许我对于篮球的了解和柯蒂斯教练不相上下，但不同之处在于：他懂得怎么执教，而我不懂。就是这么简单的一回事。

或许你可以想象，在领导力的墓园中充斥着这样的失败队伍，其领导者就如同我这般，空有满脑袋知识却无法教给他们，无法拯救他们的灵魂。无论在篮球领域、商业领域还是其他大多数组织里，情况都是如此。

诚然，知识的重要性不言而喻。因而，我把它置于金字塔的核心位置，称其为技术。但仅有知识是不够的。你必须能够有效地将你的知识传授给你管理的那些人——不仅是最基本的东西，还包括你的原则、价值观、理想、信念和做事的方法。

最重要的是，你必须教导下属如何凝聚成一个真正的团队，而不是一群单独的个体，仅仅在同一个地方为同一个老板工作。要想做到这一点，你必须懂得如何去教导别人。

如果说 UCLA 棕熊队在我执教期间于篮球方面取得了一些成功，那只有一个原因，即我始终在学习如何去当一名更好的老师。以下的内容就是我的学习心得。

> **仅有知识是不够的**
>
> 高效领导力的一个固有特征便是高效的教学，它能够打造和维系一支成功的队伍。我从未发现哪个伟大的团队建造者本身不是一名伟大的团队教师。

祈求耐心

起初，我作为篮球运动员的经历和所掌握的知识阻碍了我成为一名教师和领导者。当我还是篮球队员时，我学东西很快。只要我的高中或大学教练告诉我具体该怎么做，我几乎立刻就可以完成。在球场上，这些事难不倒我。所以我错误地得出结论，教人就是这么回事：你告诉他们去做，他们就会去做，立即去做，就像我在高中和大学时那样。而很大程度上而言，教人完全不是这么回事。

大多数时候，领导者要做的不单单是"告知"。很多领导者并不喜欢面对这样一个事实，在告诉别人要做什么之前，你要先教他们如何去做。而这个过程需要耐心。同样值得注意的是，不但个体在执行某一项具体任务时如此，他们接受你的组织哲学、预期文化和行为规范等过程教授同样要有耐心。传授所有这些内容还需要好的方法。

作为一名没有耐心的新手教练，我缺乏这方面的技巧，因而，当我看到代顿绿魔队篮球队员缓慢增长的学习曲线时，我感到异常沮丧。实际上，我自己都不确定是否理解学习曲线这种东西。我只能更严格地敦促他们，我讲话变得更大声——这些成为我的教学技巧。这些不管用的时候，我会向其他人抱怨球员的问题：他们没有进展，无力去掌握我教给他们的东西。

但这其实不关队员的事，是我的问题。耐心的缺乏使我无法找到好的教学方法。我羞于承认，在执教代顿美式足球队第二周的训练时，我和其中一名球员大吵了一架，并打起来了，因为我的教学技巧真的太生涩，而我的保险丝——我的耐性——又太短。

我所信奉的学习定律是：说明、示范、模仿、在必要的时候纠正（通常都很必要）和重复。而教学定律，当然，和学习一样，都需要时间，都需要巨大的耐心。

你的下属当中，有人可以学得很快，其他人则不然。你要明白，耐心是良好教学方式必要的组成部分，而高效的领导力让我能够接受不同的学习速度，并在合理范围内，去适应这种差异。耐心成为我的资本而非累赘。我开始明白，好事多磨。

> You must have patience and expect more mistakes, but drill and drill
> to reduce them to a minimum. A hard-working, fast-breaking team will
> often make more mistakes then their opponents because they attempt
> more and perhaps accomplish more.

一个优质的衣帽架

高效的教师必须有一个优质的衣帽架，嵌了很多钩子的那种。经过日常工作的积累，我终于能够熟练地佩戴多顶不同的帽子：教师，毫无疑问，还包括纪律委员、示范操作员、顾问、行为榜样、心理学家、激励者、计时员、质量监控专家、伯乐、裁判员、组织者等。

实际上，在 UCLA 执教初期，我还兼任管理员，正式训练前我会给球场做清洁：我把手伸进一桶热水里然后朝身后的地板上洒，我的助教艾迪·鲍威尔（Eddie Powell）则拿着拖把跟在我后面。那情形就好像是我在老家的农场里喂鸡。这只不过是我戴的另一顶帽子罢了。

优秀的领导者知道何时以及该如何进行授权，除此之外，高效的领导者无疑承担了多种角色，他们会佩戴许多顶帽子。与此同时，我也明白，有一顶帽子我已经不再戴了——我已经不再是一名球员了。在 40 年的执教生涯里，我没有得过一分，没有盖过一次帽。我的工作是教他人如何去做到这些。

无论你的领导力背景是什么——体育、商业或其他领域——是你的队伍在得分。而你，作为一名领导者，仅负责教导队伍如何去实现这个目标。在这一过程中，你会佩戴许多顶帽子，它们必须全部适合你。而不幸的是，在我的事业起步期，我只有一个哨子和一顶帽子。虽然哨子一个就够了，但帽子却远远不够。

第二定律

在体育领域，我们称示范为学习的第二定律——示范如何去投球、如何去接球等。语言的力量是巨大的，但示范的作用更甚，它不仅仅局限于抛出一个篮球。你的行动要比你说的话管用。

你想要教给下属的那些事情，最好的途径就是通过你自己的行为——示范——去传授，无论是尊重他人、守时、罚球还是自控。事实胜于雄辩。

我很喜欢一节小诗，这些年来我一直记在脑袋里。虽然我对内容做了一些微小的修改，但表达的观点是一样的：

> 任何书面文字或口头请求，
>
> 都无法教你的团队成为它应有的样子，
>
> 所有书架上的书本也不行，
>
> 只有领导者自己可以。

作为一个年轻的高中教练，我在南本德的时候经常抽烟。但为了树立一个好的榜样，我在篮球赛季期间会戒烟，但后来我发现，我同样树立了一个"在非赛季期间抽烟"的"榜样"——这可不是什么正面教材。所以我彻底戒烟了。那首小诗是其中一个原因。在我看来，我所树立的榜样要比我讲的话更有意义。

我教导成功金字塔也主要是通过我个人的言行——示范。

当然，在赛季初期，我都会向球员分发金字塔的油印副本，并和他们进行讨论。但是，如果球队成员不能从我——作为一名领导者和教练——的行为中找到大量金字塔特质的实例，那么所有的讲义和讨论都没有任何意义。

仅仅是谈论一个目标——遵守金字塔定律——意义不大，你必须践行学习的第二定律：示范。榜样力量是你所具备的最为强有力的领导力工具之一。好好利用它，你希望你的团队变成什么样子，就做到那个样子。

5. Some essentials for the coach- industriousness, enthusiasm sympathy, patience, self-control, attentiveness to detail, impartiality, appearance, vision, an optimistic disposition.

切忌引发消化不良

接任 UCLA 的总教练时，我已经积累了大量的执教方法和规章制度——或许还有一些智慧，涵盖了训练项目、战术、成绩要求、投篮规范、传球、防守、平衡、篮板球、态度、穿着和其他许多方面的细节问题。

我把所有这些内容打印出来，装订成一本巨大的蓝色 UCLA 手册，在年初的时候发给每一位棕熊队成员。可以说，这本书堪比一场信息的盛宴。但后来，我发现我所提供的这些材料让球员们不堪重负。有点过头了。因而，我只有把它们切分成小块的量，以便于消化、理解和利用，而非一口气全部上齐。

随着赛季的进行，我和助教会谨慎地发放少量与目前进度最为相关的材料。因为我已经发觉，我那本包含了所有信息的巨大 UCLA 蓝色手册，实际上引发了消化不良。

> "享受一场丰盛的假日盛宴的最佳办法是，每次只品尝一口。一次性把它们全部吞下去只会引发消化不良。我发觉，在教学方面道理是一样的。为了保证效率，领导者必须将信息分解为小口的、可消化吸收的量。"

Coaching Methods

1. Be a teacher. Follow the laws of learning -- explanation and demonstration, imitation, criticism of the imitation, repetition until habit is formed.

2. Use lectures, photographs, movies, diagrams, mimeographed material, etc., to supplement your daily practices.

3. Insist on punctuality and proper dress for practice.

4. Insist on strict attention.

5. Permit no "horse play". Practice is preparation.

6. Show patience.

7. Give new things early in the practice period and then repeat daily until learned.

8. Avoid harsh, public criticism. Use praise as well as censure.

9. Encourage teamwork and unselfishness.

10. Do considerable individual coaching of individuals.

11. Use small, carefully organized groups.

12. Have a definite practice plan -- and follow it.

在你已经懂得一切之后又学到的东西才是最有价值的

我很幸运能够受教于真正的篮球大师——普渡大学的兰伯特教练和马丁斯维尔的柯蒂斯教练。我积累了一套完整的知识体系，或许等同于在篮球技巧专业方面拿了个博士学位——但我本人并没有意识到这一点。

当我开始执教时，尽管作为一名教师的技能还有所缺乏，但比赛的技术性细节等问题却难不倒我。无论什么职业，缺乏完整知识体系的领导者很快就会自我暴露。如果你自己都不知道自己在做什么的话，还能指望谁会追随你呢？起初，虽然我算不上是个好老师，但毫无疑问我对打篮球那一套如数家珍。

这些知识都来源于我的伟大导师们。我很幸运能够在篮球领域与他们相遇——他们无不走在时代的前列，并且热衷于教授关于比赛的一切。在你领导生涯的各个阶段——早期、中期和后期都会出现导师。找到他们，聆听他们的话语，吸收他们的知识并妥善应用。

当然，从来没有完整的、静态的知识。领导者只有通过学习才能够完满。永远不要满足于你的能力或知识水平。后来，每个赛季结束，我都会选一个篮球方面的特定主题集中学习。打个比方，如果我选择研究快攻，那么我就会从书籍、报纸和杂志处收集整理信息。我会仔细钻研众多专家——其他教练们——组织快攻的方式，以及他们是如何教授这一战术的。我格外欣赏休伯特·布朗（Hubert Brown）教练在利用快攻打击对手时所展现出来的精湛技艺。而俄亥俄州的弗雷德·泰勒（Fred Taylor）教练是打边线快攻的一把好手——几乎到了炉火纯青的地步。我会叫上他们和肯塔基州的阿道夫·鲁普（Adolph Rupp）教练一起，讨论我选择去研究的任何课题。偶尔，这会带来一些改变；有时候不会。但我希望能够借此扩充我关于篮球的知识储备，毕竟我教篮球是收费的。

处于领导位置的人很容易满足，认为已经得到了全部的答案，尤其是当你开始尝到一些成功的甜头时。人们开始说你是最聪明的那一个。但如果信了他们的话，你恐怕就是最蠢的那一个了。这也是为何想要一直站在顶点那么困难——因为一旦你到达了那里，就很容易不再倾听和学习。

如果成功眷顾了你，你更要加倍地努力，拒绝诱惑：拒绝相信曾经取得的成就在未来还能获得，且无须付出比过去更多的努力。作为一名领导者，永远不要自满，不要认为你所知道的就是你应该知道的全部，尤其当你开始了解人性时。没有任何两个人是一模一样的。你管理的每一个人都是独一无二的。没有可以适用于所有人的公式。有些人你要给他／她压力，其他人则需要你的带领。分辨当中的区别需要对人性有深刻的了解，而反过来，它也会帮助我们激发出同事的最大潜力，促进默契，加强团队协作。

每当被问及："伍登教练，我应该如何去了解人性？"我会回答，"年纪大了你就懂了。"当然，我指的是经验的价值，通过年复一年地做某件事所积累的知识。有一个较快的途径去获取它们：问那些有经验的人。

纵观我的职业生涯，我经常会去找其他教练取经。他们有些人是导师，有些人是教师——他们都有值得我学习和借鉴的经验和知识。我会注意去听他们在说什么，这会让我成为更好的老师。我曾经是个很害羞的年轻人，但成年之后我变得大胆得多，尤其在寻求想法、见解和知识时。

我相信，所有高效的领导者不但是优秀的教师，他们一定都对教学怀抱着真切的爱。对我而言，在远离篮球比赛之后，我最为怀念的东西就是教学。我也确信，多年之后，自己已经相当擅长这个。

以下几点提醒有助于你在未来的道路上持续保持进步（至少对我来说很有用）。

> ### 领导建议
>
> **不要将专业技能等同于你教授专业技能的能力。**
>
> 知道你在干什么，和知道如何去教别人干什么——无论在任何领域，这两者之间都有很大的区别。伟大的篮球选手可能不会教别人如何去打精彩的篮球，正如同业绩优秀的销售员或许根本不会教别人怎么卖东西。在职业领域内不断获取知识的过程中，不要忽视提升个人能力去做一名更好的老师。

当你认为已经掌握所有正确的答案时，你就不再会问正确的问题。

通往成功的道路蕴藏在这样一种认知中：学无止境。努力去打造一种氛围：个体持续获取知识，而这些知识将使整个团队受益；将使你和你的组织成员不惧怕问问题——不害怕承认"我不知道"。记住，最优秀的执行总裁们通常是那些推广了"学习制度"的人。采取有效的措施去践行这一点吧。邀请其他公司的经理来就关键问题做演讲。鼓励他人参加相关课程，最重要的是，通过树立榜样来领导他人；具体来说就是，要让下属看到，他们的领导也是在不断学习的。

肯塔基州的传奇篮球教练阿道夫·鲁普，曾四次斩获NCAA全美总冠军，和 UCLA 的比赛胜率在 50% 左右。这让我愈发想要找他来一同讨论篮球。我也的确这么做了。而鲁普教练也有机会和堪萨斯大学的传奇教练"雾角"艾伦讨论关于比赛的问题。优秀的领导者深知，其他高效的领导者无一不是宝贵的资源。

牢记：标准的示范胜过精准的描述。

在体育领域，这句箴言格外有说服力，不过它同样适用于其他领域。备忘录、讨论和书面教程各有优点。而想要有所改变，示范往往才是最有效的工具。

关于伍登

丹尼·克拉姆（Denny Crum）：1958—1959 年，UCLA 校队成员；1969—1971 年，助教；曾三次获得全美总冠军。

持续教学、倾听和学习

伍登教练的教学非常有效率，因为他善于对细节进行管理。所有的事情都会在 3 英寸 ×5 英寸卡片和笔记本上写下来：3:07—3:11 发生了什么；3:11—3:17 我们要干什么；谁在什么时候做了什么。没有任何细节被遗漏，每一分钟都被计算在内——每一分钟。

他会极其严格地按照日程行事。我在做他的助教时就发现了这一点，我作为一名球员刚加入 UCLA 时也注意到了这一点。他教导我们注意细节。

我第一天参加训练时，伍登教练先是让我们坐下，让所有球员脱掉运动鞋和袜子。他也是这样做的。然后，他向我们仔细示范了如何抹平运动袜上的褶皱和折痕。我们通常会穿两双袜子，他教我们如何一次把一双袜子抹平；把袜子卷起，从脚趾往下套，把所有褶皱和折痕全部挤掉。一丝不苟。他要求所有的袜子，从脚趾一路到小腿的部分都必须保证平滑。

周围的场景看上去有点滑稽，但对于那些他认为关乎发挥的重要细节，伍登教练从不心存侥幸。所以，他教我们怎么做才是正确的。

他做任何事都非常重视细节——做训练计划、开展训练、评估训练和比赛，甚至还包括与旅行、装备和食物相关的细节。任何会影响发挥的事情他都会留心。

除此之外，伍登教练从来不认为他了解一切，这让他有别于其他 99% 的教练。尽管实际上他每年都在拿冠军——我当助教的时候就有四五次。作为一名教练和领导者，他总是不断地学习和进步。

1969 年，我成为伍登的助理教练。此前，我在专科学校当过几年教练。我有一些自己的经验和想法——他很欢迎。他欣赏的东西，我们会投入实战训练。如果它们起作用了，很好。如果没有，我们就不再用了。

他从不认为只有自己的执教方式才是正确的。直到最后一场比赛他都坚持着这个原则。我们经常会有分歧，也真的会因为某些事争论，有人问起他时，伍登教练会说："我不需要唯命是从的人。如果他们同意我所有的决定，我要他们干什么？"

每当我有什么想法时，他从来不会说："这是我们一贯的做法，我们靠它可以拿冠军。所以，什么都不用改变。"他从不排斥改变。

他的做法是倾听；如果他觉得某种想法可行，那么就去尝试。如果起作用，非常好。如果没有，也没关系。他总是在寻找进步的方法。

每天的教练会议从不会受外界打扰。我们拿出笔记本，评估前一天的训练——哪点起作用了，哪方面还需要更多的努力，哪些新的东西要尝试、调整和改进。

然后，我们开始设计每一分钟的训练内容：变速运球、变向运球、后转身运球、防守滑动等，我们不停地设计这些。我们会把它们写在笔记本和卡片上。

在这个过程中，会产生大量的想法和意见。他欢迎建议和相反的思路，但他很严格。你的思路一定要清晰明确，才有可能说服他改变。他从不因一时兴起而做什么事。你的理由必须非常充分，而他会给你机会表达。

当每个人都表达了想法之后，他会做最终的决定。事情就是这样。

伍登教练从不谈论输赢。你或许会觉得谈论输赢很平常，但它从来不是话题的一部分。他不会在比赛前说什么："这支球队在联盟内和我们的积分相同，所以今晚我们必须采取行动，赢下这场比赛。"

他不是特别在意对手，在意他们在做什么——大部分对手他甚至都不会派人特意去做"侦察"。他的理念是，为了将棕熊队打造成一支更加优秀的队伍，做好所有该做的事。教导，训练。细节和基本功才是他最看中的东西。

他一门心思注重于对球队的提升，并不会去依照其他球队的行动来做调整。"让他们来适应我们。"他说。

技术、状态、团队配合。这就是他所做的全部——就这么简单。简单如斯。

第七章
情绪是你的敌人

"全情投入使你强大。而过度情绪化则令你软弱。"

我欣赏全情投入，担心过度的情绪化。高效和成功的组织及其领导者的一个重要标志就是稳定的发挥和产出。而情绪化会致使稳定性受损。如果领导者被情绪控制，性格反复无常，那么他所带领的队伍看上去就好像在坐过山车——发挥水平上下波动，你无法预测，也不敢指望他们的努力和专心致志度。某一天发挥得好，第二天可能发挥得很差。

我会不惜一切代价避免这种情形。发挥水平的不断波动所带来的隐患就是不稳定性，而我拒绝不稳定性。我希望球队里的每个人，在每一场比赛中，都能维持自身的水准，全情投入，在能力范围之内发挥出最好的水平。而情绪的起伏波动则会妨碍这一切。因而，我从不进行煽动性的演说或装腔作势地鼓舞士气。无论是训练还是比赛之前，当中还是之后，没有什么夸夸其谈或极力赞美，不需要任何华而不实的戏剧效果那一套东西。每种人为制造的情绪高潮极有可能会引发随后的情绪低谷，人们会失望。

绝对的精神集中——巧妙地控制和应用——才是我的目标。随着我逐渐成为一名成熟的教师、领导者和教练，摸索到的规律也逐渐增多，最终我才达到了这个目标。我绝不想有任何失控的表现。我竭力避免看上去被激怒或显露出沮丧的情绪。我会有意识地留意自己的举止，无论眼前是季前赛还是全国总决赛，我希望自己都能拿出同样的态度。而随后在这些比赛进行中，我同样要维持一种姿态，让评论员猜不透 UCLA 是否领先了对手。即便我的妻子内莉也表示，她无法从我的表情中看出什么端倪。

在球员面前，我一直表现得稳如泰山——精神高度集中，但又非常沉静自若。如果我都不能控制自己，我如何要求别人控制自己？情绪管理是维持稳定性的关键，也是成功的关键。

我要求队员竭尽全力——我称其为"积极的进攻"——目标是不断取得进步，而非让他们随意因为某次高水准发挥就兴奋起来或受煽动。我想要在 UCLA 的训练和比赛中看到某种热忱，没有兴奋过头导致情绪化的高度专心致志。

当情绪踢开你的大门，优秀的判断力、常识和理智就会从窗户飞走。不幸的是，当你和你的组织最无法承受的那种混乱或危机来临时，这种情况最容易发生。因而，我对球员、经理、训练员和助教们言明，在关键节点打败对手后不要过度兴奋，同样，如果对手击败了我们也无须过分沮丧。每场比赛过后，无论输赢，都要约束和管理情绪。

当然，获得胜利的时候应该感到愉悦——即便是兴奋过头，失败的时候觉得沮丧也很正常。我谴责的是那种过度的情绪化。

在很多事情上，我对度的把握都很敏感——语言、衣着、发型等。但我格外不喜情绪过剩，因为它会引发不稳定。你或许会发现，总决赛在某种程度上没那么精彩，因为两支球队似乎都没能表现出最好的状态。这是因为总决赛不单令粉丝积累了许多情绪，球员也一样。而情绪化往往降低了比赛本身的质量。

对于球队的发挥，我的目标是保持稳定和切实的进步。如果你画一幅情绪曲线图，可以看到在整个赛季期间，线条每天、每周都在上升，而到了赛季的最后一天，理论上球员会达到他们最好的状态，没有尖锐的峰值或突然的低谷。要想达到这个目标，必须对情绪进行管理，从领导者开始。

培养稳定性

成功领导力的标志是持续地、最大限度地发挥自己的水平，而情绪化会导致不稳定。全情投入，同时进行情绪管理。以身作则，要求下属也照做。性格变化无常的领导者是脆弱的，他/她带领的团队亦然。

情绪化的后果

早年的职业生涯里，我没能控制好情绪，以至于影响了我的判断，至今我仍感到羞愧。我在南本德高中执教时，某件事牵扯到了我的一名球员，他的父亲是校董。那个男孩希望被选为校优秀运动员，运动奖励委员会也允许教练在适当情况下，酌情给予特殊照顾。

　　整个赛季期间，这位年轻人非常努力，态度也很积极，尽管他缺乏足够的打球时间，我也曾慎重考虑推荐他为优秀运动员。那时候，运动奖励委员会从来不会否定教练的推荐人选。然而，就在我确定最终名单的前几天，男孩的父亲突然出现在我的办公室。连招呼都没打一个，他直接要求我告诉他，他的儿子是否在名单上。"我还没有最后做决定，"我答道，"我或许会写上他的名字，但严格来说，您的儿子并没有达到要求。"

　　那个男人一边用他的手指戳我的胸口，一边威胁道："伍登，他最好占一个名额，不然你就别想干了。"

　　这激怒了我。我回击说，对于我的工作，他大可以随意插手；更有甚者，"如果你觉得这里不能解决的话，我们可以出去'谈'。"我挑衅他打上一架。显然，情绪占据了上风。值得庆幸的是，男孩的父亲转过身气冲冲地离开了我的办公室，走之前还不忘重复他的要求和对我教练一职的威胁。

　　我当时并没有意识到，真正的伤害尚未到来。我已经被愤怒冲昏了头——过度情绪化——我决定不推荐他的儿子，尽管此前我几乎可以确信他会在我的名单上。这件事我处理得非常糟糕。把拟获选优秀运动员的学生选手名单上交之后，我恢复了理智，冷静下来，想要把男孩的名字补上去。但已经太迟了。

由于让情绪控制了理智，从而影响了我的判断，那位年轻的选手受到了巨大的伤害。70 年后，我依旧为我的所作所为感到后悔。这件事给了我一个深刻的教训：让情绪支配了你是非常危险的。

改变是缓慢的

那件事并不是我唯一情绪失控的例子。一次同中南本德主要竞争对手的比赛过后，我小跑着穿过球场去向输球的教练表达慰问。我当时并不知道他有多么沮丧，也根本没有任何心情去听对手说些什么，特别是这个对手一年之内已经连续两次被我们打败。13 个赛季以来，还没有发生过这种事。

当我靠近他的时候，他爆发出了一系列咒骂，我从来没有听过谁——直到后来我加入了海军——用你所能够想象得到的全部粗鲁称呼，当着所有球员、粉丝和裁判的面砸向我。他甚至觉得我为了赢球贿赂了裁判。

我当场就发火了，想都没想，就把他击倒在球场上，球员和粉丝连忙跑过来阻止。他的行为不可容忍；而我的行为，不可原谅。我们两个人都证明了失控的后果是灾难性的。

这么多年过去，我已经非常擅长掌控自己的情绪。它不是一蹴而就的，但这一过程确实会因为某些事而加速，比如我前面讲述的那些。

后来，有些评论员形容我是个"冷漠的人"，在球队比赛期间，就好像是一名超然于周遭环境的观众。有一次，实况报道的讲解员这样说道："伍登教练刚刚挑了一下眉。想必是有什么事让他非常惊讶了。"尽管他的说法有些夸张，但表达的东西几乎切中要害。我非常善于掌控自己。现在你知道原因了。对我而言，被称为"冷漠的人"其实是一种夸奖——尤其当身处压力之下时。担任高中教练那会儿我曾让情绪占了上风，为此我已经得到了不少教训。

领导者的榜样

过度情绪化——感情波动、性情多变——通常适得其反，有时甚至会带来灾难性后果。我发觉，如果我自己的行为受情绪化影响，则意味着我也允许我的队员受情绪支配。作为领导者，我的行为明确了可接受的边界。而让情绪掌控你在球场上的行为就是无法接受的。

正因为我自身的行为会影响到底下的人，我不得不保持警惕，去控制自己的情绪和行为。我要传递给球队的信息很简单："如果你让情绪支配了自己，你就会被击败。"

而一旦你被击败，你的比分就会落后。为了让球员深刻了解情绪控制的重要性，我同样需要保持警惕，控制自己的情绪和行为。这方面我做得很成功，证据之一就是在我的教练生涯中，我记得仅有一次被判技术犯规。

> "如果你让情绪支配了自己，你就会被击败。"

在我的带领下，UCLA 篮球队 10 次打进总决赛。在所有这些比赛中，在距离胜利咫尺之遥的最后几分钟里，在最后一次比赛暂停期间，我会提醒球员："比赛开始的时候，不要犯蠢。"我要求他们发挥出应有的水平，不要给球队丢脸。

而一旦我们输球了，我同样会要求球员控制自己的情绪。但更重要的是，我希望他们在最终比分揭晓之前都控制好情绪，也就是说，在整场比赛中都做到如此。另外，在训练期间，我也会要求他们控制情绪，全情投入。如果我发现哪个球员或者整支队伍都没有做到的话，我就会叫停训练——或做出这样的威胁。一般来说，这足以让他们回归正轨了。

我的教学强调"情绪失控会导致我们被击败，因为你会犯不必要的错；你的判断会受到影响"。我不介意偶尔犯错，只要它不是因为丧失自制力导致的。

因此，哪怕某个决定并没有起到应有的效果，只要我在做决定的时候没有被情绪影响，事后我都不会去检讨。只要我凭借可用的信息做出了良好的判断，这就不是错误。而如果是情绪失控后的决定，如同我当年在南本德被某个选手的父亲威胁时所做的那样，它就是个错误，一个巨大的错误。

多年来，我一直致力于消除自身行为中的失当之处。错误的减少要归功于我坚信：连贯性、稳定性和可靠性对高水准的发挥和全力以赴来说至关重要。而过度情绪化则会毁掉这一切。

情绪不稳定的领导者就好比一瓶硝酸甘油，一碰就炸。围绕在他们身边的人终日只能小心翼翼地踮起脚尖走来走去，无法正常工作。在我看来，这绝非是一个成功组织所该有的氛围。

在情绪处理方面，努力去打造一种可信赖、可依靠并卓有成效的领导机制。

你可以考虑将以下几点提醒补充进战术手册中。

领导规则

控制住你的情绪，否则它会反过来控制你。

强烈的情绪如果能够得到正确利用和控制，会产生持续和积极的进步与结果。而不受控制的情绪和善变的性格则会侵蚀领导者的威严，减少他人对其的尊重，从而破坏团队的努力。不懂得全情投入和过度情绪化两者之间区别的领导者，或许偶尔会成功，但这种成功一定是不可靠的、不可复制的、不可持续的。

避免过度，争取适度。

在我看来，高效的领导者深知，长远的成功需要适度和平衡。而任何形式的过度都有可能造成发挥的不稳定。在组织内部各层级之间传达这一事实，同时，不要忘了以身作则通常是最有效的传达方式。

贯彻情绪纪律。

我们今天在体育比赛中看到的大部分极端情绪化行为都是缺乏足够的纪律所导致的。例如，某个美式足球选手在一次成功擒抱后大肆庆祝，丝毫不顾及此刻他们正处于第四节比赛的末尾，比分 27∶3 远远落后于对手：这就是错误的判断、差劲的想法和缺乏情绪纪律的典型表现。这些特质与成功无缘。这取决于你作为领导者，是否坚持要求你的下属和你一样展现强大的情绪控制能力。而你又是否具备这种能力？

关于伍登

弗雷德·斯劳特（Fred Slaughter）：1962—1964 年，UCLA 校队成员；曾获得一次全美总冠军。

冷静的领导者可以避免情绪过热

为 UCLA 效力时，我记得有那么四五次比赛，我们开局打出了类似 18∶2 这种比分——几乎要完蛋了。我看了伍登教练一眼，他坐在板凳上，手里握着卷起来的训练表，完全不受影响，好像是我们在领先一样。那时我就在想："嘿，如果他都不着急的话，我着什么急？尽管照他说的去做就好了。"

然后你猜发生了什么？除了其中一场，我们其余的比赛最后都赢了，而唯一输掉的那一场最终比分差距也不大——虽然那感觉真的是糟透了。在关键的时候他非常冷静：他的信心和力量也传递给了我们。我在 UCLA 校队打了 3 年球，我没见他有过紧张慌乱的时候。

伍登教练只关注那些积极的东西。他不会在消极负面的事情上浪费时间——他一直致力于带领球队不断前进，为此，我们必须去学习所有能够让我们变得更加优秀的东西。

每当我们出现消极的想法或沮丧的情绪时，他都察觉得到。这时他会走过来鼓励我们："这就是你们该做的事。照着去做，一切都会好的。"没有威胁恫吓或大吼大叫。过了一段时间我们回过头看，哈，的确没什么大不了的。伍登教练有他自己的一套系统，他非常信奉那套东西，他教给我们，让我们也去相信它。

他会不停地告诉我们："专心致志于我教给你们的东西，不要去在意比分。只要做你该做的事，就会有好的结果。只要齐心协力，我们就无所畏惧。"他一直给予我们帮助和支持，即便是在纠正某些错误时。

最重要的是，他教会我们要团结，要有一致的目标，即努力做到最好——在球场上发挥出自己最好的水准。

此外，他还知道如何让你听话。刚入队那会儿，我偏爱后仰跳投，并且投得不错。我因此成为堪萨斯州高中篮球的第一人。但伍登教练不喜欢，他告诉我："弗雷德，投篮之后你得待在篮筐周围。我们需要你的篮板球。如果你向外跨步，你就抢不到篮板了。"

但我就喜欢那么干。我并没有放弃后仰跳投，直到他非常平静地对我说："弗雷德，要么你照我教给你的去做，要么下周六的比赛你就坐在我旁边看。你的候补队员知道该怎么正确地跳投。"

我的天，我必须说，你不会明白他那一番话给我带来的影响。他完全不用把椅子摔到球场上，我就已经完全听进去了。

全国联赛半决赛我们输给了辛辛那提，比赛最后几分钟我们被判了一个严重的带球撞人犯规。这简直像是地狱来电，UCLA 付出的代价不光是输掉了一场比赛，还有一座可能的总冠军奖杯。但回到更衣室时，伍登教练的反应却和我们赢球时没什么不同——非常冷静，没有抱怨。他让我们抬起头来。"逆境让我们变得更加强大。"他说，"别忘了，你们还有彼此。"

但他应该再加上一句，"你们还有我。"他是球队的一部分。尽管坐在板凳上，他与赛场上的我们是联结在一起的。并且，他对逆境的看法无疑是正确的。逆境让我们更加强大。两年后，UCLA 拿下了第一座 NCAA 全美总冠军奖杯。

第八章
投篮得分需要十只手

> *"狼群之力汇聚自孤狼,而孤狼之力来源于狼群。"*——
> *鲁德亚德·吉卜林*

2004 年希腊雅典奥运会上,美国篮球国家队未能摘得金牌,许多人问:"这怎么可能? 美国队——每个人都是 NBA 全明星——怎么可能会输给阿根廷、立陶宛和波多黎各?"

这个问题问得合情合理。许多评论员发现,外国球队里只有 2~3 名球员具备打 NBA 的天赋。而每一位美国国家队选手都已经在 NBA 打球了——实际上,他们其中一些人还是联盟的最佳球员。其他国家的球队到底是怎么击败我们的?

答案很简单:我们派出的是伟大的球员。而他们派出的是伟大的球队。我们不应该责怪国家队总教练拉里·布朗(Larry Brown)。作为总教练,他带领底特律活塞队在 2004 年的决赛中击败了洛杉矶几乎全明星的首发阵容:沙奎尔·奥尼尔(Shaquille O'Neal)、科比·布莱恩特(Kobe Bryant)和卡尔·马龙(Karl Malone)。而活塞队里没有一个超级球星,布朗教练带出了一支优秀的队伍。

底特律活塞队的队员不是超级明星，但他们是一支超级球队。而在奥运会的比赛中，布朗教练并没有多少时间教给这些天才的美国球员"我们"要比"我"更加重要，如果不是布朗教练的话，或许美国队连一块铜牌都拿不到。

如今的职业篮球已经鲜少关注团队协作了，而更看重个人的精彩发挥——360度灌篮、高速全场运球、炫技的带球过人等。观赏性很高，但这并不利于打造一支高效、成功的球队。

在我看来，娱乐性对执教而言毫无意义。"小猪"兰伯特——我在普渡的教练——倒是解释过让粉丝觉得有观赏性的球队的一个优势：也许你没办法赢下很多场比赛，但至少你会比那些同样是输球但又很无聊的队伍的教练多获得一些关注。无论如何，为了娱乐而娱乐不是我优先考虑的事情。

要有大局观

每个新赛季的第一天——10月15日——15名选手和助教、我们的经理、训练员杜基·德雷克（Ducky Drake）和我会聚在一起拍球队的官方照片。这张照片的内容代表着一种平等性。在照片里，没有任何人因为天赋、资历、过去的成就、剪报、种族或宗教信仰而获得特殊待遇或占据更大的位置。你分辨不出谁是全美最佳阵容选手，谁又是坐在板凳位末席的人。主教练也没有比负责递毛巾的学生经理更占地方。

> Develop the same sense of responsibility in every player regardless of the amount of time they may get to play. The varsity squad is one team, not regulars and substitutes.

在我们的官方照片里，球队的明星就是球队本身。而这正是当摄影师离开，比赛开始时，我想要让球员们牢记的东西。领导者想要实现这个目标是最困难的。

> "领导者必须完成这样一个艰巨的任务：让团队中的每一个人都相信，'我们'要比'我'重要。"

领导者面临的最大挑战之一就是对自我意识的管理——过度膨胀的和底气不足的，坚强的和脆弱的——这一要务关系到成败，如果一个团队想要通过奋斗获得成功，想要凝聚成一支真正的队伍而非简单的个体的集合——独狼们——每个人仅仅关注自身而非整个"狼群"，领导者必须让个体站在"我们"而非"我"的立场上考虑问题，而想要实现这一目标领导者本人需以身作则。

少有人想把球交出去

教下属把团队的福祉置于个人欲望之上是很难的，因为这与人性相违背——首先顾好自己是人类的本性，比起给予，我们更想要拿走，比起分享，我们更想去保留。

在篮球比赛中，必须分享的是球本身，并且要快速且有效率地去分享，这样团队才有可能获得成功。当后卫看到队友切入篮下时，他必须控制住自己得分的欲望，为了球队的利益放弃——分享——球。一名球员如果能够始终如一地做到这点，就说明他已经实现了从"我"到"我们"的转换——这种转变通常来讲十分困难——那么他就已经成为一名真正的选手，对团队而言意义重大。

在商业领域或其他组织中，必须分享的"球"代表着知识、经验、信息、联系人和新的想法等。组织想要取得成功，想要在这个充满激烈竞争的年代占据优势地位，内部成员之间必须能够自由交流这些内容。

TEAM SPIRIT

We want no "one man" players, no "stars." We want a team made up of five boys at a time, each of whom is a forward, guard and center combined; in other words, each boy should be able to score, out-jump or out-smart one apponent, or prevent the opposing team from scoring, as the occassion demands.

No chain is stronger than its weakest link, no team is stronger than its weakest boy. One boy attempting to "grandstand" can wreck the best team ever organized. We must be "one for all" and "all for one" with every boy giving his very best every second of the game. The team is first, individual credit is second. There is no place for selfishness, egotism, or envy on our squad.

We want a squad of fighters afraid of no club, not cocky, not conceited, a team that plays hard, plays fair, but plays to win - always remembering that "a team that won't be beaten, can't be beaten." We want our boys to believe that "a winner never quits and a quitter never wins." Make up your mind before the game that you won't lose, that you can out-smart and out-fight the opposing team; in other words, if you have confidence in your team's ability to win, you will be plenty tough to whip.

Others may be faster than you are, larger than you are, and have far more ability than you have - but no one should ever be your superior in team spirit, fight, determination, ambition, and character.

以自我为中心的个体会把团队摆在第二位，把个人利益放到团体成功的前面，比起分享"球"，他们会扣住球不放。这种态度是不可接受的，我也不会去容忍。让你的人学会把团队放在第一位是很重要的。你要去教导团体成员如何对组织作出贡献，让每一个人都感受到自身与团队的努力、产出和最终的成功紧紧相连。

尽管有些人相比他人更难被替代，但每个人都会——都应该——为组织的成功作出贡献。每个个体都必须意味到自身的价值，无论是秘书、销售明星还是高级经理。最重要的是，每个人都要充分了解他们各自的工作表现同团队的福祉和生存息息相关。如果做到这一点，你就会令手底下的人发觉，比起各自的工作，他们实际上属于更大的图景的一部分。你延伸了他们对于所担任组织内部角色和组织本身之间的联系的认知。

不要让轮子脱落

我经常会拿印第安纳波利斯 500 英里大奖赛（Indianapolis 500）中的赛车队做类比。获胜的赛车手本人通常会收获他人全部的注意力和夸赞。这些车手很像篮球赛里的得分王——基斯·威尔克斯（Keith Wilkes）、戴夫·迈耶斯或比尔·沃顿，或者是你组织里的业绩标兵，那些具备"热手效应"的人。

然而，如果没有队伍里其他人承担"次要的"角色，那么在赛道上每小时狂飙 200 英里的车手可以说是无助的。有

人专门负责在停站给车加油，有人专门负责拆下和更换螺
母，其他人负责撤下磨损的轮胎，还有人负责安上新胎。
负责给汽车加油的人绝对不可以出错，否则他的队友——
除了手持灭火器之外什么都不能干——就要出场以防止灾
难的发生。

团队的成功——甚至是车手的生命——取决于团体的每
个成员是否正确、迅速地完成了他／她的工作，无论这些工
作看上去和车手的关联性是高还是低。同样，你公司里负责
接听电话的人在你的成功（或不成功）当中也发挥了作用。
这个人和其他人是否完成了某些任务，让你的组织真正看到
了他们的贡献和与组织之间的联系？你是否又让这些个体了
解到第一次同潜在顾客或客户联络的重要性？或者，你又是
否把他们安排在一个完全真空的环境里工作，与周遭一切断
开联系？

接线员和其他那些负责不那么要紧的工作的人会觉得自
己无足轻重，除非你，作为领导者，教导他们，他们的工作
是有价值的，并向其解释他们的贡献帮了公司大忙。个体在
感觉自己无足轻重时会认为他们的工作也无关紧要。赛车手
绝对不希望上螺母的人认为自己的工作不重要。

团队里每一位成员的存在都有其理由，这个理由会通过
某种形式帮助团队取得成功。如果不是的话，那么他们究竟
为什么从一开始就出现在你的团队里呢？

向每一名团队成员清楚地解释：他 / 她的贡献同整个组织的
福祉和成功息息相关

许多经理和教练理所当然地认为，那些与他们一起工
作的人知道他们的努力对组织有所帮助。然而并非如此，
特别是那些不那么重要的角色。你要尽力让他们对你所追
求的成果产生归属感，而不是受排斥。感谢他们的努力——
如果这份努力值得的话——解释为何他们的工作是有价值
的，他们的工作是如何为团体的福祉做贡献的。这样做会
快速提高士气和工作业绩，打造团队归属感，你会对此感
到惊讶的。

我会用这种类比的方式教导我的球员，所有角色对于我
们的成功都至关重要，每个人都以某种重要的形式同我们的
使命紧紧相连。无论是坐在板凳位末席的人，还是拧紧螺母
的人，他们都可以为各自团队的成功作出巨大贡献。如果螺
母掉了，赛车就会撞车。我不想因为谁觉得他 / 她的贡献无
足轻重就不作为，进而导致 UCLA "撞车"。

认可那些未获认可的人

我是发自内心地想要让那些担当次要角色的人感受到自
身的价值和来自他人的感谢。我会选出那些鲜少站在聚光灯
下的个体——他们在比赛的紧要关头为重要的得分、关键的

防守或罚球送上助攻。

我同样会对那些没有得到太多上场时间的球员给予关注和认可——他们在训练时的努力不仅促进了自身的进步，也激励了那些上场时间较多的队友。他们的贡献非常重要，他们点燃了明星选手和全美最佳阵容的战意，如比尔·沃顿、小费迪南德·刘易斯·阿辛多尔（卡里姆·阿布杜尔·贾巴尔）等。

无论我如何强调对那些"沉静的"贡献者的重视，记者们想要了解的永远是明星球员："伍登教练，您如何评价今晚比尔·沃顿的表现？"我会把这种问题带过，转而请大家关注其他球员作出的贡献，特别是那种决定性的贡献。超级明星们已经得到了足够多的关注，在我看来其实过于多了。

无论是在商业领域还是在篮球领域，没有哪一位超级明星或业绩标兵——且不论上帝赐予他们的天赋和生产力有多高——是单枪匹马走天下的。比尔·沃顿拿下的每一分都是由"十只手"共同实现的。事实上，这个数字远比十要多——还要包括非首发球员、助教、训练员、经理，当然，还有教练的双手和头脑。

如果要形容得更加戏剧化一点：在篮球场上倘若没有合作，那么就不会有灌篮；在商业领域倘若没有合作，你的组织或许也就不复存在。

基本上，UCLA 棕熊队的每一名成员都或多或少为球队取得的每一分和每次阻攻作出了贡献。我力求让团队每一名成员都明白这个道理，并为此心存感激，尽管这种尝试未必总是成功的。关于这一点我会在第十二章"让每个人都能够有所成就"中详述。

"十只手"是球员或员工需要学习的非常重要的概念之一，或者说，原则之一。我在教导这一部分内容的时候通常会格外用心。首先，我坚信，那些让球队变得更加优秀的选手要胜过自身优秀的选手。

Selecting players - quickness over size, spirit over temperament; team contribution over individual

让那些成就了超级明星的人一同分享后者的荣耀非常重要，要让前者感觉自己是有价值的，与球队的福祉和成功紧紧联系在一起。否则，猜忌、嫉妒、背后中伤和堕落就在所难免。组织里的每一位成员都需要真切地感受到他们的工作是有意义的，与团队的成功密不可分。

如果你的下属为组织贡献较少或没有任何贡献，那么你就必须扪心自问一些不太舒服却非常必要的问题了：

如果他／她没有任何贡献的话，为什么他／她还会存在于你的组织里？

几乎没有任何业绩的人会给其他团队成员带来何种影响？

我们该如何提高他们的贡献度？

我们是否需要将他调职，重新规划他／她的工作内容，或者尝试其他一些根本性改变措施来增加他／她的贡献值？

这样的人是否需要从团队中移除？

那些引发了上述问题的边缘生产者并不在我的考虑范围之内。对其他大多数人来说，我会非常郑重地认可他们近乎默默无闻的努力，无论是面对公众时还是在训练期间。

关于确保未获关注的球员持续得到认可——让他们感受到自身的价值——的做法实际上源自我多年前的一项独立研究：我绘制了一份表格，记录下我在训练期间给予的表扬次数。表格显示，非主力球员得到夸奖、支持和认可——表扬——的比例要大大高于那些所谓的超级球星。这正是我的意图所在。

这一结果让很多人大跌眼镜，他们认为我忽视了顶级球员的贡献和影响，近乎无视了他们的努力。并非如此。我私下从不吝惜对顶级球员的表扬，只不过并没有当着其他球员的面罢了，由于训练期间这种表扬在球场上并不明显，所以并没有记录。

我不可能让一个小费迪南德·刘易斯·阿辛多尔感觉自己是不被赏识或者是被忽视的。我只是觉得，在旁人已经加诸他们身上的表扬上再加码，会适得其反。因而，我的赞赏和支持往往是私底下给予的。

当然，对于阿辛多尔和沃顿而言（仅仅是举两个例子），他们信奉团队第一的原则，这点我深感欣慰。例如，阿辛多尔或许可以成为大学生篮球历史上最伟大的得分王，但他愿意为了更好地服务于球队放弃个人的荣耀。沃顿也一样。他们两位是真正将团队的荣誉看得比自己的还重要的超级球星。当你最出色的员工也能表现出这种气度时，领导者的工作将简单得多，而你的组织也会变得更加强大。反之亦然。如果个体将个人利益摆在团队利益前头，极有可能会有损组织的效能和生产力。

私下和公开表扬

对出色人才的认可并不一定总要公开进行。对于领导者来说，更有效的做法是其他人不在场的时候对他们进行表扬。这样一来，你既给予"超级明星"应得的认可，又不会引发嫉妒或愤恨。相反，对那些次要角色的表扬想要达到最大的效果，则一定要公开进行。

有些人需要一点劝诫

当然，有天赋的个体通常都需要一点儿指导——或者说，劝诫——让其真正懂得什么才是无私的团队合作。例如，未来的全美最佳阵容选手西德尼·威克斯（Sidney Wicks）起初对自己的个人数据过分关注。而从数据中我发现，在训练时，无论西德尼与什么类型的队友打配合，他个人的数据都非常漂亮，而其他人的数据则有所下滑。他只关注于自己的福祉——数据——而非整个球队的。尽管他要比那些年长的球员更有天赋，但我依然没有把他列入首发阵容，姑且算是一种激励吧，我希望西德尼能够变成一个深谙团队合作的球员。

后来，他开始理解和接受我的理念，即优秀的球员未必能组成优秀的队伍，而个人数据仅在其能够促进球队整体发挥时才有意义，西德尼发生了显著的改变，当然是往好的方向的转变。作为 UCLA 校队成员出场的第二个赛季期间，他成为美国最出色的大学前锋——一位优秀的团队合作型球员，相信得分要靠十只手。

还有一点需要明确的是：尽管西德尼在第一年里那么渴望成为首发阵容中的一员，他也并没有因为我的决定而产生愤恨的情绪。一部分原因要归结于我做决定从不夹带任何私人攻击、嘲讽或厌恶的情绪。我的指令和纪律都是以一种职业和高效的形式落实的。

而西德尼本人也是个非常有幽默感的家伙，哪怕是在校队的第一年——那会儿对他来说还是很难熬的，但他依旧保持了这份特质。某天他来训练时带了一份包装好的礼物，递给我说："教练，这是送给伍登太太的，我觉得她会想要把它放在你们的客厅里。"我为他的体贴而感动。那晚，当内莉在餐桌边打开西德尼的礼物时，我们都笑了。那是一幅很大的照片，照片上的人是当时反主流文化的革命领袖之一。

西德尼是一个很优秀的人，但和我们大多数人一样，他也有自己的"个性"。对于他来说，经历从"我是第一位的"

向"球队才是第一位的"的转变是非常困难的，而这一过程的顺利推进让我倍感欣慰。如果我因为缺乏必要的技巧而未能向一位非常有天赋的年轻人成功传授我的理念和方法，我或许就失去西德尼了——我会感到非常羞愧。任何背景下的领导力实践都是如此。

孤狼和狼群

我寻求打造一支最优秀的队伍，个体能够发挥出最好的水平，注重无私的奉献，成为一个集体。我不区分黑人球员或白人球员。我也不在乎他们的政治观点或宗教信仰。

"人人为我，我为人人"在我看来并不是一句空洞的口号。我不需要任何科学证据去证明鲁德亚德·吉卜林这句话是对的："狼群之力汇聚自孤狼，而孤狼之力来源于狼群。"它形容了个体和组织之间的关系，球员和球队之间的关系。在篮球比赛中，每一次投篮得分前，球都要经过好几个人之手。只有每个人各司其职——为团队贡献出自己最大的力量，阻攻才能达成，战术才能实现，比赛才能获得胜利。这是全体成员的功劳，没有任何一个球员可以独占荣耀。

这也是为什么在团队合作中我极其不鼓励个性化——卖弄或炫耀。炫耀或者哗众取宠不但会降低个体的身份，同时也是对其他团队成员所做的努力的一种轻视。

如果某个球员在得分后猛地捶打自己的前胸就说明他没

想过要向帮助他的人致谢。我要求选手在得分后向那些提供了助攻的队友点个头或者竖起大拇指。这样一来，你下次就还有可能会得到助攻。

我教导球员们作为一个整体来思考问题，而不是一群独立的操作员的集合——每个人都一心琢磨自己的事。通过让得分者去向他人致谢，我实际上增强了这些"他人"的感受，让他们觉得自己与产出过程息息相关。

对任何组织来说，分享荣耀一定会提高其业绩成果。每个人都从帮助他人做起。为了确认在球队中大家也是这么做的，我会定期查看数据，在进攻中寻找一种平衡，以确保没有哪个位置或哪名球员的作用失衡。例如，我曾经把前 20 个赛季球队的得分相加，其贡献来源分布如下：在总得分 39 135 分中，后卫贡献了 16 131 分，前锋贡献了 15 355 分，中锋贡献了 7 649 分。这意味着在一个典型的赛季中，每场比赛后卫仅比前锋少投篮 1.5 次。这正是我的目标，平衡得分，也就是说，对手仅盯防我们单个的球员是不够的。而唯一能够确保得分平衡的方式就是让每个人都参与到产出过程中来。这就要看你如何做到让下属把团队利益置于个人利益之上了。

如果组织内部的全体成员都率先关注去做对团体有利的事，这股力量将不可忽视。我本人深知，当每个人都坚信得分需要十只手的时候，会发生什么，其中最引人瞩目的一次就出现在我执教棕熊队的第 16 个赛季里。

密切关注团队精神

1964 年，UCLA 第一次杀入 NCAA 全国篮球联赛决赛。尽管我们一路过关斩将闯入冠军赛，但大多数评论员依然不看好我们，预测我们会输。对手杜克的队员身材要更高大，天赋也更高，但棕熊队有一个重要的资本。一位外国访问教练花了几个星期对球队进行分析，他发现了这一点。

决赛一早，这位来自南斯拉夫的亚历山大·尼克里奇（Aleksandar Nikolic）教练大胆地向记者宣称 UCLA 会打败杜克。"为什么？"记者非常惊讶。尼克里奇教练伸出他的右手，五指张开，然后慢慢将其收拢握紧成一个拳头："UCLA 是一个团队！他们是一个团队！"他自信地说道。

那晚面对杜克的 UCLA 球员们是一个团队——一个真正的团队，他们每个人都明白要靠十只手去得分。正因如此，UCLA 令专家们大感惊讶，我们赢得了有史以来的第一个全美总冠军。

我们之后在篮球方面之所以能取得成就与其他组织能够实现自己的目标其实没有什么不同，那就是领导者必须营造出这样一种氛围：在对团体有益的事情上，确保一种真正的分享和无私精神。当你的下属相信，只有当他们把团队摆在第一位时，个人利益才能够得到满足，他们通常就会第一时间想到团队了。

领导规则

团队的明星就是团队本身。

作为领导者,你必须持续灌输"团队第一"的理念。出色的员工和生产者必须充分了解:组织内其他成员对其成功有所帮助,令他们的成功变为可能。个人的奖励和荣耀是好的,但它们永远不能掩盖组织本身及其重要性。不要忘记沃顿和阿辛多尔:他们这样的天赋型选手——全美最佳阵容——都会把团队的福祉放在第一位考虑。

要求团队成员分享"球"——信息、想法和其他。

高效的领导者深知,要确保团队中没有任何成员会拒绝与他人分享数据、信息和想法等,这点很重要。在商业领域,"最优方法"思维模式的形成正得益于想法的分享和实践。

想办法表扬那些"安静"的成事者。

在每一个组织里,都有那么一群重要的人,他们的工作看上去不起眼,不需付出多少努力,他们得到的关注也少。但在多数情况下,他们其实付出了巨大的努力才完成任务,而团队通常看不到他们的努力。是这些人让火车能够准点到达,他们值得你的关注。

寻找能够组成最佳团队的选手,而非最佳个体。

精明的领导者了解团队和组织的化学反应。通常来讲,天赋异禀的个体未必适合你的团队。要注意整体的影响——

化学反应。不要忘了全美最佳阵容选手西德尼·威克斯，当把团队放在第一位不久后，他成就了自身。

关于伍登

盖尔·古德里奇（Gail Goodrich）：1963—1965 年，UCLA 校队成员；曾两度获得全美总冠军。

分享球；不要光想着自己

我在洛杉矶保利高中一直是打后卫的，总是想着怎么拿到球。后卫都会这么想："给我球，我才能投篮。"

伍登教练希望我还能想点别的，因为他决定采用全场紧逼的防守战术。当然了，你防守时是拿不到球的。但改变我的想法很难，直到有一天他说："盖尔，比赛一共 40 分钟，球大约有一半的时间在对手手上，给我们只留了 20 分钟。"

"我们有 5 名选手。在我的战术体系里，平衡很重要，所以每位选手的持球时间应该大抵是相同的。这意味着，每场比赛你拿球的时间大约也只有 4 分钟。盖尔，在剩下那 35 分钟你手上没有球的时间里，你准备为球队做点什么？"

他只用了大约 15 秒钟，就让我明白了自己在球队里需要扮演的角色，简直是醍醐灌顶。教练会用各种方式教他想要你掌握的东西。有时在训练期间，他会让后卫和前锋交换位置——让我们去干其他人的活。他想要每个人都了解打其他位置的球员要做些什么。伍登教练想要后卫理解前锋所面临的挑战，让前锋明白后卫要处理的情况。

他会努力尝试各种办法，让我们站在一支队伍的角度去思考问题，作为一个整体去行动，而非各行其是。

我之所以选择来 UCLA 就是因为伍登教练的训练方式（我高中时在人民体育馆看过棕熊队的训练）。他对训练的掌控，那种全方位的掌控，给我留下了深刻的印象。

他手里拿着他的 3 英寸 ×5 英寸卡片和笔记本，不断地看表，以保证各环节的准时开启和结束。他从一种训练进行到另一种，然后下一种、再下一种——彻底而周密的安排；没有时间浪费和停歇。他擅长高效地利用时间。教练会准确地告诉你 10 年前的同一天下午 4∶35 他在做什么训练。

他坚信，胜利仅仅是过程的一个结果，而他是掌控过程的大师，他让我们专心致志于正在做的事而非最终的比分——他擅长这一点。某场训练中，他让我们一遍又一遍地全速演练战术，但不允许我们投篮。他让我们集中精力在投篮前的事情上，专心致志于让投篮变为可能的行动——执行力。他打造的队伍有极强的执行力。

当你听到他说"天呐，天呐！"的时候，麻烦就来了。大麻烦！你知道会有严厉的惩罚在前头等着。坐板凳，或者更糟糕的，直接去浴室。很多时候他不会直接告诉你不能干什么，但他会想办法让你做不成。

每年美式足球赛季期间，伯克利都会举办校园开放日

（Cal Weekend）活动，不过那会儿棕熊队要和莫瑟大学熊队打比赛。教练可不想让球员们去参加开放日活动，因为那是一场巨大的周末派对。但他并没有明说我们不能去，而是把训练时间改到了周五晚上 6 点。训练到很晚不说，还特别辛苦，基本上没人有那个时间和精力通宵开车过去。

但有一年我和约翰·加尔布雷斯（John Galbraith）决定飞过去参加。我是布蕾塔兄弟会（Beta Theta Pi）的一员，周六比赛结束后，我在晚间举办的兄弟会派对上喝了几杯酒。不知道为什么伍登教练不光知道我去了伯克利，还知道我喝了酒。

周一早上我接到电话，他要我去办公室找他。"周六玩得很开心？"他问道。我点了点头。"你知道，盖尔，如果我再看到你喝酒，你就走吧。"我继续点头，但我其实非常震惊。"他怎么知道的？他怎么发现的？"我当时一直在想这些。

"今年对你来说很重要。你不想毁掉这一切吧？你不想让球队蒙羞吧？"我回答道："不想，教练。我不想球队蒙羞。"

"很好。训练见。"

这件事的关键在于，他并不是想特意抓到你在做错事，比如喝酒。这不是他的风格。他要你对自己的行为负责，要你具备自控力。星期一的那场对话的重点就是让我弄明白我的选择是什么。我想明白了。

他经常谈论平衡：身体的平衡，得分的平衡，团队的平衡，以及最重要的，思绪的平衡。你的双脚要保持平衡。双脚之上，你的身体也要保持平衡。你的头脑，连带着身体和手臂，都要保持平衡。他说，如果你们不能保持平衡的话，终究会摔倒，他通过各种方式告诫我们这个道理。

在我看来，平衡是成功的关键之一，不光在篮球领域，在生活中也是如此。一旦事情失衡就会变得糟糕起来。任何事都需要平衡。他不断向我们灌输"平衡"这个词，它扎根在我的内心深处，成为我行事的重要指引。

他从不谈论胜利，哪怕是在总决赛前夕的更衣室里——那是 UCLA 第一次打进 NCAA 总决赛，对手是杜克大学。他非常平静地同我们讲了一遍战术，并告诉我们说，只要我们打了一场精彩的 94 英尺比赛——在球场一端执行紧逼战术，在另一端发挥出应有的水平——比赛结束后，我们就可以昂首挺胸地走回更衣室。他丝毫没有提及获得冠军或者赢得比赛这种事。

随即，就在我们走向球场之前，他问道："谁还记得上个赛季全国联赛的亚军？"

没有人举手。那是他说过的最接近鼓舞士气的话了。

第九章
小事成就大事

"从细微处着手。努力工作。变得更好。"

只有通过不断留意和完善那些细微却相关的细节——把小事情做好——才能有高水平的发挥和产出。对细节的忽略经常出现在体育领域和其他类型的组织中。情况发生时，责任在领导者自身，而非团队。你必须教导下属小事成就大事的道理。实际上，他们首先应该明白，没什么所谓的大事，仅仅是一系列出色完成的小事的合理积累。

我从留意和完善那些"细枝末节"和令人觉得厌烦的细节中得到了巨大的满足，因为我深知，每一件事和每一个细节无疑都使球队距离目标更近一步：全力以赴。只要你收集了足够多的便士，你终有一天会变成富翁。每一个相关的、被完善的细节都是我们银行中的一枚便士。

我们通常会把注意力放在长远的目标上（商业领域的年销售目标、体育领域的全国总冠军），而忽视那些会带领我们实现那些目标的东西——你日常是如何开展业务的。在UCLA，我要确保在经营我们的业务，即打篮球的过程中，对细节始终维持高标准的要求。我的标准可以说是异于常人的严苛。

不少旁观者认为我挑选和改良的那些数以百计的细节标准非常可笑，我不这么觉得。我非常清楚，相关细节如果得到妥善处理，会成为球队成功的基石。对你的组织来说也一样。这个世界上，细节决定成败。

```
Attentiveness to Detail - Leave nothing to chance.  The difference
in the championship and merely good team is often the perfection of
minor details.
```

穿上对手的球衣

谈及对细节的完善，我会"从脚开始"。袜子？球队第一次集合时，我亲自给球员示范如何正确地穿袜子。鞋子？我们并不问球员穿多大码的鞋。我要求训练员测量每一位学生选手的脚——包括左脚和右脚——确保新发的运动鞋大小合适。我不想看到谁打滑。鞋带？我坐下来，向球员示范如何系鞋带，如何正确地绑紧鞋子，以避免在训练或比赛期间鞋带松掉。

她的观点是正确的

特蕾莎修女曾说："没有什么大事情。只有满怀着爱去完成的小事。"总结得非常到位。当你开始着手去完善看上去"不那么重要"的细节——且教导你的下属也同样去完善细节——从中收获快乐和骄傲时，大事也在开始成型。正因为如此，才有了成功者和失败者之分，有了伟大和优秀之分,有了实践者和梦想家之分。(当然,你或许会注意到,很多非凡的成功者既是实践者也是梦想家。只要你确保自己在处理小事时"心中有爱",这其实是一种很好的结合。)

对这些事项的关注——袜子、鞋子和鞋带——能够避免赛场发挥时出问题。在其他许多方面,我同样保持着对细节一丝不苟的关注。例如,针对近期某个具体的比赛对手所做的准备,我唯一的妥协就是去买一些便宜的背心,背心的颜色和对手队服的颜色一致。斯坦福大学是红色,加州大学伯克利分校是蓝色,华盛顿大学哈士奇队是紫色。

赛前的训练中,首发队员会与穿着下个对手队服颜色背心的队友对战。关于背心这个细节是否能有所助益,穿着对手的"队服"是否能在下场比赛中帮上首发选手一点儿忙——毕竟那将是他们在球场上会看到的场景,我认为或许会有些帮助,而这种程度的确认对我来说已经足够。

此外,我坚持要求球衣必须扎进短裤里,以便于打造一种自我认同和团结的氛围。通过这个细节,球员们会知晓,邋遢是不能忍受的——任何情形下都不能。杜绝邋遢和打造集体感对我来说非常重要,而借由对这类细节的处理让我能有效地贯彻它们。

我刚到 UCLA 那会儿,训练队服的尺寸非常成问题,球员通常自己从家带 T 恤来,运动鞋也是穿自己买的。我立刻叫停了这种行为,统一订购了新的训练队服和运动鞋。我不想在训练时一眼望过去，球场上尽是些乱七八糟的衣服。我也不想让球员们看到队友邋遢的样子。新的训练队服、合脚的鞋子、扎紧的队服——这些事情都会带来改变。

从 UCLA 棕熊队的队员穿上 UCLA 队服的那一刻起——即使是训练队服——我要让他意识到，他是特殊的，他是一个与众不同的组织、队伍和团体的一员。他无时无刻不在以正确的方式做事，从最基础的做起。

出于类似的原因，我要求球员在集体出行时要看上去非常"职业"——衬衫和领带、外套和休闲裤。这身行头不光代表了大学，也让球员本人意识到，作为棕熊队的一员是与众不同的，他们应该有相应的得体表现。

不是完美主义者

尽管我努力追求完美，我并不认为自己是个"完美主义者"。完美，在我看来是人类所无法企及的领域。努力追求完美却是可以做到的，而我从未停下追求完美的脚步。

我并不认为在细节方面做一个完美主义者能促进团队的发挥。如果我发现什么东西可能会有帮助，我就会去实践。就如同常识那么简单。不断地尝试，用不同的途径去尝试，好的结果终将显现。

Different drills are devised to teach each man the specific fundamentals required for his position, and then additional drills are added which have two positions working together, then three, then four, and finally the entire five man unit.

例如，我停止在中场休息时向选手提供巧克力条，因为这容易使他们的气管里生痰。而橙子片既可以提供相同的能量支持，又不会产生痰。痰这种东西，就像松了的鞋带，会令球员分神，继而被对手击破。

另外，我还坚持要求球员把橙子皮好好丢进垃圾箱，不可以随意抛到靠近垃圾箱的地板上。粗心大意，和邋遢一样，非成功组织所具备的品质，高效的领导者不能容忍其中的任何一项。

直到现在，我依然相信，教导球员不要粗心大意和邋遢成性，就是要从诸如把橙子皮丢进垃圾箱这样的小事开始。虽然有些人会觉得这种逻辑很好笑。对我来说，它没什么好笑的，这非常严肃。

类似的例子还有很多。团队用餐期间，饮用水的温度要和室温一致，不可以加冰，以防出现胃痉挛。这又是一种易于提前采取措施避免的潜在麻烦。袜子和鞋带、冰和橙子、干净整洁和制服统一……这些慢慢积累起来，终会带来改变。这类小事既非琐碎不重要，也非偶然附带的产物。只要我发现相关的细节，我都一定会去处理，因为这会令团队受益。对我而言，比起做一个完美主义者，我更加注重的是不断寻求进步，不断追寻更好的做事方式。

"相关细节"到底指的是什么？不同的体育项目和不同的组织之间各有差异。有时候，某些调整仅仅是因为时代变了。但我认为有关成功领导力的基本要素，并没有太多改变，尤其是留心和完善细节与我们实现所追求的远大目标之间的联系。

高效的领导者注重培养正确识别有关细节的能力——那些市场、工业或体育领域的次要事项，却有可能会带来某种增量优势。细节或许存在于微不足道之处，但却不是小事。成功就存在于细节当中。

需要留意的是：安排处理细节的时间时，一定要注重平衡。为了保持平衡，领导者必须进行合理的组织安排，知晓轻重缓急，为所有相关细节分配适当的时间和精力。

当然，明智的授权是必要的，但从根本上来说，领导者才是那个要为团队福祉负责的人。从这一层面来讲，平衡至关重要。失衡是致命的。例如很多年前，有一位知名篮球教练认为罚球——是否罚中——是决定比赛输赢的唯一关键要素。结果，他要求球员掌握与罚球相关的全部内容。球队训练罚球的时间也要远远多于其他与比赛相关的重要项目的训练时间。

对细节的完善不能以失去平衡为代价

平衡和节制对组织的实力和生存而言至关重要。高效的领导者会通过一种均衡的方式去关注正确的细节。如果你处于一种复杂的商业环境中，应该请求他人的协助以确保细节得到妥善处理。（当然，还需牢记：你授权委托出去的事情并不代表他们一定会完成。）

毫无疑问，他们变得非常精通于罚球。赛季结束时，他的球员或许是全美最好的罚球手。但不幸的是，他们并没有赢得比赛的胜利。在不断完善罚球的过程中，其他重要领域的训练，如防守、投篮、快速突破等，出现了失衡。除了罚球，其他方面都付出了代价。

失去平衡时，组织会变得脆弱，不堪一击。这位教练对某个单一细节的完美追求是建立在几乎牺牲了其他一切的代价之上的。细节固然重要，但平衡亦然。如同人在冰上行走，一旦开始打滑，你将很难再找回平衡。

铆钉和机翼

在我看来，每一个细节就像是飞机机翼上的一枚铆钉。你拆下来一个，机翼看上去还是完好无损的；但你要拆下足够多的铆钉，机翼就会掉下来。

> "小细节——就像便士——是可以积累的。优秀的银行家从不忽略每一枚便士，优秀的领导者对细节也从不马虎大意。"

就 UCLA 棕熊队的发挥水准而言，我可不希望任何东西"掉下来"。无论是训练还是正式比赛，我都要确保每一枚相关的"铆钉"处在正确的位置，牢牢拧紧。在我的执教中，要从脚做起（袜子、鞋子和鞋带），当然其他身体部位我也同样会照顾到。留胡须和长发是禁止的，因为在比赛中它们会蓄汗。球员无论是摸他的胡子还是用手拨头发，汗液都会沾在手掌和手指上。变滑的手指会导致控球不稳，而控球不稳又会引发失误及其他更严重的错误。因而，为了避免由出汗导致的失误，解决办法很简单：短发，不留胡须，络腮胡（长鬓角）也不要留。

现在，在你得出"我考虑的是除了正经打篮球之外的所有事情"——长发、痰和其他——这样的结论之前，我向你保证，就比赛本身的技术和执行层面，我对细节的关注要来得更加深入、更加审慎、更加有力。对于我和助教们而言，袜子仅仅是一个开始。

习惯于寻找正确的方法

如同系紧运动鞋有正确的方法，篮球比赛中几乎任何事情就有其正确的执行方式。你也许会发现在你自己的组织内部情况也是如此。因而，在我看来，没有什么"差不多"的方法去完成一个跳投；跳投有最有可能命中得分的精确步骤。

我并不想打造一群只会听话的机器人，我希望个体具备极其扎实的、正确的基本功，同时拥有良好的打球习惯。在此之上，球员就有能力应对竞争对手加诸他们身上的任何压力和障碍，会做调整。我相信，在面对突如其来的变化时，基本功打得牢靠的个体更有可能获得成功。

在做改变或调整前，我希望每位球员都先了解正确的方法。而后，面对特殊情况——当结果呈现出，或可能呈现出来的状态远高于平均水平——时我会进行灵活处理。例如，基斯·威克斯习惯从脑袋后面罚球，这意味着，当他做好罚球准备时，他的脑袋是位于篮筐和篮球之间的。你自己试试就明白这有多困难了，就好比蒙上了眼睛。

> *"Over-coaching" can be more harmful than "under-coaching". Don't give them too much and don't take away their initiative.*

对于罚球而言，我乐于等到罚球员开始投不中的时候再教他们正确的投法。当出现失投时，让他们作出改变就很容易。但基斯从来没有"开始失投"过。事实上，在我担任 UCLA 棕熊队主教练的 27 年间，基斯单个赛季最惊艳的纪录是 87.2% 的罚球命中率。在那个赛季里，他一共得到了 94 次罚球机会，投中了 88 个，未投中的仅有 12 个。此前我执教过的球员中，仅两周时间里的未中罚球数就超过 12 个了。

　　偶尔，我发现最好让某些球员按照他们自己的方式打球，只要那样做更有效率。如果他们自己的方式呈现出更好的效果，我就不会去改动。基斯·威尔克斯的"另类"风格正是其中的一个范例。

　　当情况需要时，或异常结果规则适用时，高效的领导者允许例外存在。如果那些情况发生了——且不会给团体中其他成员的行为或态度带来不利影响——我允许差异、不同的方法和个人的创意。不然的话，我坚持要有一套精准的做事方法，我也是这样教导球员们的。

　　这套方法适用于比赛的方方面面：过人、前旋、准备抢篮板、从界外向场内传球、身体平衡、假动作、佯攻、防守、投篮、跑动模式等。与完成上述所有这些技术动作相关的小细节，无疑同球队的进步和最终的成功有着极为密切的关联。

　　打个比方，篮板球涉及的细节如下。

　　（1）假定每一次投篮都不会中，随后都有机会抢到篮板球。

　　（2）立即把手举到肩膀的高度，不要举过头顶。虽然很多教练指导球员把双手都举过头顶，我并没有这样做，因为这种姿势忽略掉了一个事实，就是篮球通常会以一个较低的角度从篮板或篮筐反弹回来。而我要球员做好准备，不放过任何一个篮板球，无论球是从高角度还是低角度反弹出来的。这或许只是一件小事，但经过这么多年，我发现它有利于球员的发挥。UCLA 的球员在面对个子更高的对手时，也经常能够抢到篮板球。

（3）做到第（1）步和第（2）步之后，去抢球吧。

篮板球涉及的内容远不止于此——例如，如何前旋和卡位，让靠近篮筐的对手不易抢到球——但上述三条指示多少可以阐明，我在不断明确和完善关于篮板球的一些技术性细节。但凡涉及实际操作，我都会这么干。

一切都是互相联系的，作为整体一部分的各个细节之间也是如此。例如，正确穿运动袜会减少水疱的发生，反过来，又确保球员能够抢篮板——或罚球、防守——不受疼痛和注意力分散的影响。同样，如果选手的鞋带不松的话，他更有可能完成一次成功的快攻。

> **非凡成效允许例外**
>
> 如果你组织里的某位执行者另辟蹊径有所成就，对其持容忍态度，只要他/她采取的方式合乎道德标准，且没有给他人的行为和态度带来负面影响。领导者针对类似情况要有精准的判断。在体育领域里，教练时常会评估引入天赋型选手的风险和回报，毕竟这样的选手无论在风格、内在本质还是个人品行方面都有自己的步调。人们很容易被天赋蒙蔽双眼。

我之所以致力于明确和完善所有领域的相关细节，是为了给球队在比赛中的发挥定调，包括球队的风格和内在本质。对于基本要素的执行，我们的要求是非常高的。而基础的东西，如果做得好了，将会为优秀的领导者建立高效的团队和具有竞争力的组织打下坚实的基底。

让优秀成为一种习惯

我的细节不是你的细节。但作为领导者，你必须做到对相关细节心中有数，并不断完善这些细节，否则的话，你很容易会失去下属的信任。

"小事成就大事"旨在明确正确选择和完善细节的重要性。当然，我承认球队需要天才大干一场，但光有天才是不够的。必须营造一种能够对相关细节进行妥善处理的环境，去培养天赋。

尽管 UCLA 的篮球从未达到过完美状态，但我们一直都在努力追求完美的发挥。只有这样，我们才可能接近完美——不是达到完美，而是接近完美。

我做主教练的这些年，UCLA 取得了四次所谓的完美赛季（30 : 0），但我们从未打过一场完美的比赛。我们从未停止去追求完美的战术、完美的过人和完美的比赛。而这一切，在我看来，都始于指导球员们如何"完美地"穿好运动袜。

将平均值定义为高于平均值

UCLA 篮球队的成功并非源自某个单一要素，不仅仅是因为紧逼或者快攻战术，不仅仅是因为选手的体型或者状态——不是任何单一要素。相反，球队的成功是建立在正确且持续不断地做好无数小事之上的。

首先，领导者必须要辨识出与团队成功关联最为密切的种种细节；其次，针对细节的处理建立一整套高标准的行为守则，同时教导下属照做。领导者如何定义"平均值"决定了你的团队如何去定义它。有些领导者认为平均值就是平均值，而有些人则认为平均值意味着要远高于平均值。

在对待细节的问题上我们经常会懒惰。懒惰是马虎的委婉表述，马虎妨碍了组织拼搏和成功。领导者是否有能力在细节处理方面树立和贯彻一整套高标准——坚持对均值的定义应是远高于平均水平——决定了领导者自身的效率高低，及其下属作为一个团队的产出能力。

当你发觉运动袜和成功之间的联系时，你也就获取了高效领导力最为宝贵的财富之一，即小事如果做好了，会令你和你的组织成就大事。

领导规则

一切从袜子开始。

成功需要从基本做起。有人会指责我关于把小事做对的原则，但我从来不在意。请确保你和你的团队正确地穿好"袜子"。

正确的铆钉至关重要。

没有什么大事，有的仅仅是许多小事的积累叠加。拿掉足够多的铆钉之后，机翼就会掉下来。一切取决于你，作为领导者，去辨识那些正确的铆钉，决定每一颗铆钉应该得到多少关注。只要方法正确，你的组织即便在穿越最剧烈的"竞争性气流"波动时也会安然无恙。

在注重完善细节的环境中培养人才。

只有这样，你的团队才能够不断获得成功。牢记仅有天赋是不够的。在体育和商业领域中，每年我们都会看到天赋型团队——和个体——由于忽略细节而导致失败。

马虎滋生马虎。

从 UCLA 赛季开始的第一天起，我就要求大家正确地做事——不是差不多就行了，而是要完全正确。这是一种态度，一种做事的方式。对工作细节的马虎处理会把事情弄得一团糟。一件事做不好，另一件事也会受影响。这是个恶性循环。

关于伍登

林恩·沙克尔福（Lynn Shackleford）：1967—1969 年，UCLA 校队成员；曾三次获得全美总冠军。

从第一天起，注重细节

棕熊队第一次对内会议让我震惊不已。我旁边坐着另一个新生——全美大学梦寐以求的高中生选手卡里姆·阿卜杜尔·贾巴尔（小费德南迪·刘易斯·阿辛多尔）。

我们周围分散坐着其他同年级队友——这个国家最优秀的选手——还有回归的 UCLA 校队成员，几个月前他们刚刚斩获了 NCAA 全美总冠军：埃德加·莱西（Edgar Lacey）、肯尼·华盛顿（Kenny Washington）、道格·麦金托什（Doug McIntosh）、弗雷德·戈斯（Fred Goss）、迈克·林恩（Mike Lynn）等。

那个房间里有太多优秀的人才带着他们无限的精力等待着教练的到来，等待着他充满智慧的训导。很快，教练走了进来，他径直来到教室前头我们聚集的地方。终于，最重要的时刻来临了，我作为一名棕熊队——全美总冠军——成员的初次体验，这支球队的教练正是著名的约翰·伍登！

他看了我们一会儿，然后开始讲话。这就是最震惊的地方了。"先生们，"他说，"欢迎你们，我们直接切入正题。我要提醒你们每个人，球队的一些重要规矩。第一，指甲要修剪整洁。第二，留短发。第三，把队服塞进裤子里。"他又朝屋子里看了一圈，郑重地补充道："听明白了吗？"

我想："他在开玩笑吗？"但老队员们没有人笑，甚至连微笑都没有。他们无疑更加了解情况。但我依然无法理解为什么教练会把时间浪费在说这种事上。

数月——最终数年（我们又拿了三座全美总冠军奖杯）——过去了，我意识到"这种事"正是他天才领导力的一部分。每一个行动都有其内在逻辑。关于指甲、头发和队服的细节关系到战术执行、对球的处理和其他一切的细节——要把无数小事做对。

所有的事情都是相互联系的；不能忽视任何东西，全部都要做好。在任何方面，马虎都是绝不容许的，包括过人、投篮或修剪指甲和把队服扎紧。

伍登教练教导我们，只有把小事做对，才能去完成更重要的大事。用正确的方法做事成为我们的习惯。

他让这一切变得非常简单。有什么比留短发还简单的？有什么比摆好投篮姿势更简单的？所有这些简单的小事积累叠加——每次一个——汇聚成海量的信息，教练一点一点地通过平实而直接的方式展现给我们。最终，他和球队把它们结合在一起，运用到训练和之后的比赛中去。

为了实现这一目标，他仔细而精准地设计我们每天的训练计划。他了解自己要完成什么，也知道如何去完成它们。他的高效执行力部分地源自他是英语专业硕士出身。别人要花很长时间才能表达清楚的东西，他只要一句简短的话就说完了。他的交流是如此迅速和高质量——没有多余的单词，不会拐弯抹角。

伍登教练的训练非常有效率，并且他个人的存在感也相当强。有时你会发现他严厉中又夹带着些许愤怒的样子，这种时候千万不要耍小聪明。教练从来不会大吼大叫，他的情绪烈度表现在其他方面。尤其当他认为我们没有用尽全力时——就要小心了。

在一次同加州大学伯克利分校的比赛中，中场我们回到更衣室时，教练很不高兴，即便那时我们分数是领先的。在他看来，分数并不重要，问题在于我们没有专心致志于比赛。他狠狠训斥了我们一顿——没有大吼大叫，但我至今仍然记忆犹新。

我们领先的事实是次要的，他更在意的是，我们没有完全发挥出自己的潜能。反过来也是一样，如果比分对我们不利，但我们都已经尽到了最大的努力，他也不会感到沮丧。他会非常平静地指导我们该作出哪些改变。

1968 年，排名第一的 UCLA 在太空巨蛋球场对战排名第二的休斯敦。这场比赛被称为世纪之战。那年休斯敦美洲狮队所向披靡，而 UCLA 棕熊队则有 47 场连胜的光环加身。

那是第一场全国直播的常规赛季比赛，也是太空巨蛋的篮球赛首秀，观众人数第一次超过了 5 万。那无疑是一场盛事。在大学篮球界还没有人见过这个架势。

在最后的几秒钟，UCLA 以 71∶69 的比分输给了休斯敦，也终结了我们 47 场连胜的光环。比赛结束后，等在更衣室里的棕熊队员都很好奇伍登教练的反应。作为 UCLA 的球员，我们还从未见到过他输掉任何一场比赛。突然间，他输了，并且是输掉了如此盛大的一场比赛。他会做何反应？

伍登教练走进了更衣室，在输掉世纪之战后，他看上去非常平静，甚至脸上还挂着一个微小的笑容。他告诉我们说："这不是世界末日。我们下次会做得更好。"他对我们的努力深感欣慰。比分是次要的，我们的连胜纪录中断他也不甚在意。我们在球场上所付出的努力已经是全部了，这让他很满意。

1967 年，UCLA 的 NCAA 总决赛在路易斯维尔打响。整个赛季里，我们全无败绩。在准备上场同代顿争夺冠军之前，全队成员坐在更衣室里等待伍登教练的赛前训话。首发阵容中有四个人均是第一年加入校队的成员：卡里姆、卢修斯·艾伦（Lucius Allen）、肯尼·海兹（Kenny Heitz）和我。几分钟后，我们将要面对自己的第一场全国联赛总决赛。

伍登教练走到黑板前开始画示意图，我们以为他打算给我们讲解某个新战术或防守策略。但其实不是。教练画图是为了告诉我们奏国歌时的站位！然后他又说起了我们在比赛结束后该怎么做。一天前，由于另一支球队的选手表现得很嘈杂，他警告我们要端正行为。他完全没有提及我们即将要面临的总决赛对手，没聊战术，没聊关于比赛的任何细节。完全没有。

这是因为，在他看来，比赛前他该教的都已经教完了；如果到了这个时候还有什么我们需要知道的而他没教，那也来不及了。

当然，我们需要知道的，他已经全部都教给我们了。而这一切都始于第一天他走到教室前，向所有新生和回归的校队成员说："先生们，我们直接切入正题。"然后，他告诉我们要修剪指甲、留短发和扎紧队服。

即便现在回想起来，我依然觉得有些震撼。

第十章
让你的每一天都成为杰作

"训练——为了收获切实的成果——必须一丝不苟地组织和执行。不然，就和孩子们课间在操场上跑圈没什么区别。"

在竞争的环境里，时间永远是不够的。因而，领导者必须善于高效地利用时间，成为这方面的大师，并教导其他人也这样去做。你运用时间的能力直接影响了你组织的竞争能力——甚至是生存能力。

对时间的正确利用可以成为你最强有力的资本之一。然而对很多领导来说，实际情况似乎恰好相反。在他们的头脑里，对每月、每周和每一分钟并没有精准的定义，甚至毫无概念，任由其逐渐消逝，没留下任何成果。

而在执行力较高的组织里，领导者将时间视为黄金一般可以触碰到的有形商品。他们同时也很清楚，时间不同于黄金，一旦失去或浪费就再也无法找回。优秀的领导者深知，失去了时间，你基本上就什么都不剩了。

我对此的认知和理解源自父亲一句经常挂在嘴边的话："让你的每一天都成为杰作。"他用这句格言来提醒我谨慎地利用时间——每一天、每一小时、每一分钟。

他希望我能够理解时间所赋予的价值和巨大的潜能；他希望我能够明智地利用时间，不要浪费。当然，父亲不仅仅是指工作方面的时间安排，他想让我明白的是如何过好每一天的生活，如何以一种富有成效和积极的方式利用上帝赐予我们的时间。我尝试将他的建议应用到生活的方方面面，特别是我的职业生涯里。

你只有真正理解了每一分钟里所蕴含的潜能之巨大，才会给予时间应得的尊重。数十年来，我发现那些卓有成效的领导者无一不尊重时间，尊重每一分钟。他们明白对于成功而言——真正的成就——时间至关重要。成功的关键就在于时间。

在作为教练和领导者的自我成长中，随着不断提高对时间的有效利用率，我对时间的理解也逐渐加深。尽管做到完美是不可能的，但在 UCLA 我会尽力把每一分钟的执教都做到最好——让每一次球队会议都成为典范，每一场训练都追求完美。我们所做的每一件事当中都蕴含着一种紧迫感；不是仓促草率，也不是匆忙急迫，而是奋力前行。

没有做好准备就相当于准备要输

我可以很明确地说，个体的训练决定了他 / 她在正式赛场上的发挥——无论是在体育领域还是其他任何领域。从某种程度上讲，由于知晓留给我执教的时间——发挥出球队最大的潜能——非常短，这点反而更加激励了我。

棕熊队的训练时长平均为 2 个小时，每个训练周有 5 天，常规的篮球赛季包含 21 周。很简单的乘法，结果显而易见。通常来讲，我有 210 个小时的时间来完成我的教学目标（105场训练，每场 2 个小时）。或者，如同记者、粉丝和校友会宣称的那样，"约翰·伍登用 210 个小时拿下一个全美总冠军。"常规赛季里，这相当于是 12 600 分钟的实际训练时间。如果你粗心大意的话，这些分钟会过得飞快——迅速消逝掉。而我从未被人指责过粗心大意。

我重视每一分钟——每一分钟都是我教导球队的机会，教导球员应该如何进步，如何具备全力以赴的精神，如何领先对手——但愿如此。每一个小时都有可能让我们变得更加优秀，离我们的目标愈发接近。对我来说，浪费哪怕一分钟都是痛苦不堪的——好比把金币扔进海里，你再也别想找到它。

你没有办法给出110%

我教导球员、助理教练和其他所有相关人员要在思想层面保持一致。无论何时，他们都必须竭尽所能去达成我的期待。

> "我要你付出 100% 的努力。今天的懈怠无法通过明天来弥补，哪怕你想明天付出 110%。因为你并没有 110% 可以付出，你只有100%，而我现在就要你竭尽所能。"

因此，从我第一天在肯塔基州代顿中学执教起，直到在 UCLA 任职的最后一天，极少的没有丝毫改变的原则之一就是：准时。球员——哪怕是助教——违反了规定都要受到惩罚。

> Never think of your bruises or fatigue. If you are tired, think of how "all in" your opponent may be.
>
> It is the hard work you do in practice after you are "all in" that improves your condition. Force yourself when you are tired.

迟到是对我的不尊重，是对球队其他成员的不尊重，更有甚者，是对时间本身的不尊重。我不允许任何人如此随意地对待时间，毕竟它异常宝贵。我尊重时间的一个具体表现就是强调守时，对于那些连这么简单的指示都不能遵从的人我绝不留情。我不允许手底下的任何人轻视这条规矩。

当然，我也明白，这个国家里的每一位教练都拥有同样的时间，去指导各自的球队赢得比赛。某种程度上，这就像是百米冲刺——每一名跑者要完成的距离都是一样的；每一步都至关重要，走错一步，满盘皆输。

> "Failure to 'prepare is preparing to fail'"
> "Don't mistake activity for achievement"

作为一名领导者，你必须了解在这方面你的对手和你在本质上没什么区别。真正的高下在于谁更加有效地利用了既定时间——在提高每一分每一秒的效率层面，谁的失误更少。

是你？还是你的竞争对手？即便你一周 24 小时不间断地工作，你的竞争对手也做得到。因而，在有限的时间里你做了什么——利用时间的效率性——成为个体在竞争中是否能占据上风的决定性因素。

无论是在商界还是体育界，时间管理都尤为重要

时间是有限的，而它的潜力却是无限的。你分配和利用时间的质量决定了你成就的高低。美国著名诗人卡尔·桑德堡（Carl Sandburg）深知这一点："时间就是你生命的硬币。它是你拥有的唯一一枚硬币，只有你自己可以决定如何去使用它。"高效的领导者物尽其用。

我认为，有效的组织——时间管理——是我执教的核心资本之一。实际上，组织管理或许是我最强大的武器。我知道如何最大化利用时间。我逐渐学会如何有效利用每一分钟。

开展训练

我关于开展训练方面的技巧——或许你可以将其称为时间管理——最初要得益于在大学时亲身参与的训练，那些训练都是由我的教练沃德·兰伯特设计的。他精心组织了每一个训练项目，非常有效率。他看上去似乎在以 70 英里 / 小时的速度移动。兰伯特教练会在比赛中奔跑着给出指示、信息和建议，他很少叫停整个球队的训练。如果有人需要指导，他会把那个人叫到一边，而其他人仍要继续，不浪费任何一刻。在普渡大学，每个人在兰伯特教练设计的每一分钟训练里都表现得非常有效率。

我们从不会站在那儿闲聊，你只会看到普渡锅炉工队在球场上不停地奔跑，而兰伯特教练则会在场边与我们一道，边跑边大声对我们需要改进之处喊出指示。

此外，当我还是印第安纳州南本德——离圣母大学非常近——的一名高中教练时，我有幸能够观摩圣母大学的传奇美式足球教练弗兰克·莱希（Frank Leahy）指导的训练。他仅允许极少数的外来者观看训练，而我非常幸运地受到了邀请。我看到了一名精于有效利用时间的大师。当然，莱希教练对细节也十分关注，同兰伯特教练一样，他不会浪费哪怕一秒钟时间。两人都给我留下了持久而深刻的印象。

这两位教练所打造出的球队都拿过全美总冠军。毫无疑问，他们成功的主要原因之一就是高效的时间运用。在我看来，成功和合理的时间运用是有直接关系的。

有那么几年时间里，我通过教授英语课强制自己提高"时间管理"的能力。我还能够清楚地回忆起那时所面临的挑战：学期内，每天我只有短短一小时上课时间教语法、莎士比亚作品、拼写、诗歌和其他很多东西。为了保证效率，我每天去教室上课时都会携带一份精心准备的教学计划，它就像是学期整体课程安排的一个微缩版——但其精度是一样的。在教授高中生《哈姆雷特》的时候，我学到了不少高效利用时间的技巧。我把在课堂上习得的这些管理技巧直接运用到了球场上，其中当然也包含了这些年来我从莱希教练、兰伯特教练和其他人身上学习到的理念和风格。

仅仅是行动起来并不意味着成功

为了提高我的篮球执教效率——达到像我在课堂讲课时的效率，我开始使用小张的索引卡，上面详细地记录着每天的训练安排。事实上，在 UCLA 他们都叫我"3×5 男人"，因为我经常会带着便签卡。我会在上面写下每天训练的时间表，精准到分钟：谁，做了什么，什么时候，在哪儿（例如，在训练的某个具体时间点，球场上的某个具体的位置，应该有多少个篮球）。

有时训练结束后我会丢掉这些卡片，但在此之前我已经把上面的信息都誊写在我的私人笔记本上，以备日后参考。在本书的第三部分，你会看到相关的示例，展示了我在UCLA 是如何利用训练的每一分钟的。

尽管我并没有保留当年在中南本德高中使用的 3 英寸×5 英寸卡片和笔记本，但那时我用于规划高中训练时间的整套体系和现今是一样的。我并没有在英文课上使用 3×5 英寸卡片，但我同样会严格规划课时的每一分钟内容。事实上，正如前

文提到的，我的书面英文课程授课计划正是篮球训练菜单的
原型。

我痴迷于有效地利用时间——不能浪费一丝一毫。活
跃的人群不断制造出动静，这颇有迷惑性。它并不意味着
真正完成了什么事情。行动必须遵循脑中一个有效的目的
或目标为指导；否则就和你在学校操场上看到的情形没什么
不同——孩子们到处乱跑，看似活动量很大，但实际上没
什么成效。

这些年来，我观摩了数百场其他教练安排的训练，我自
己也安排过很多次，因而，只要给我几分钟时间，我就能告
诉你某个教练是否善于利用时间。整个训练流程应该有一种
紧绷感——没有懈怠、马虎或无所事事。这就好比扬帆远航，
船帆在狂风中绷紧总好过在微风中招摇。只有高效的领导者
才能够在组织中营造出那种紧绷感。

助教同样也会带着我的 3×5 英寸卡片，上面写有同样的
信息。我们要确保一切都按照时间表严格地执行，仿佛我们
的未来就依托于此(也的确如此)。每个人都知道该做些什么，
知道要在什么时候去做。棕熊队的全部训练几乎都是遵照卡
片上的指示和说明来进行的。没有一分钟被浪费，也没有意
外的空当时间。没有"停工时间"——球员们等待教练，他
们的领导者，去想下一步该干什么。

每天的第一声哨响前——实际上，在第一名球员系好运
动鞋前的几个小时——我就已经和助教们非常细致地规划好

了当日要完成的内容，我们如何去完成它。我笔记本里的细节每天都会有变动，但只要我确定了下午的安排，它就会像一条运行良好的铁路一样工作起来。即便到了今天，我的球员们也会告诉你它就像是一条快速运行的铁路一样，并且非常准时。

> **认真筹备每一次会议，就好像它决定了你的未来（因为的确如此）**
> 与经理和员工们的每一次会议都提供了一个独特的机会：你和你的团队将更擅长某些事情，分享重要的信息，提升团队精神，等等。不要浪费任何一刻，认真计划每一分钟。

每天训练一早，我都会同助教们开会讨论当天的安排。会议不受任何外界干扰——不许接电话、发短信，不接待来访人员，不允许任何可能打断我们计划的事情发生。这期间，我们会回顾前一天的训练内容，并决定当天下午要做的事——要做什么训练，要达成什么目标。我们希望在当天有限的120分钟指导时间里，将尽可能多的内容打包教给球员们。

如何不浪费时间

我是一个细致到什么程度的人？每天的教练会议前，我都会私下翻看笔记本，回顾上一年的同一天做了什么训练，去寻找线索，哪些项目是有效的，哪些并没什么用。实际上，我会定期回顾两三年前的笔记——有时甚至是更久之前的内容。笔记上清楚地记录着不浪费时间的方法。最终，我会去看 10 年、15 年甚至 25 年我们在训练中到底做了什么。

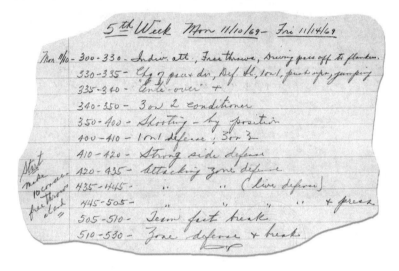

我会对这些详细的记录进行对比，留意对上一个队伍或球队某个人颇有成效的某项训练内容。而其他训练内容则需要进行调整或删除。我会从 3×5 英寸卡片和笔记本中整理这些信息，我每天都会记录下在训练中观察到的东西、每一场比赛的数据和每个赛季的成绩。我的记录非常全面，但这其实就相当于银行交易员会记录每一便士的去向，后者同样可以给你看他很多年前的交易记录。

我会记录每一分钟的内容，正如银行交易员记录每一笔钱的流动。而如果一切可以从头来过的话，我依然会这么做（但愿第二次能少犯点错误）。

拓展时间

所有这一切皆源自我对时间的尊重——我现在依旧如此。我深知，个人领导力的成功与明智利用时间有直接关联。聪明、高效的教师、领导者和教练比他们的同行更了解这一点，因为后者只会置身事外地惊讶于为何对手在如此短的时间内就干了这么多事。

通过合理的组织和执行，你拓展了时间——1 小时变得比 60 分钟要长。具备优秀组织管理能力的领导者 2 个小时干完的活，要比这方面能力欠佳的领导者两天内干得还要多。

经过数周乃至数月的积累，这份努力会成为那些完成了伟大事业的领导者和仅仅怀有空想的人之间的区别之处。我从来不是那种善于指导进攻和防守战术的教练，但论及尊重和利用时间，我确实是个中翘楚。尊重时间，时间也会尊重你。

领导规则

牢记：在篮球赛或生意场上，精彩的一节始于精彩的一分钟。

具备优秀组织管理能力的领导者已经喝完了他/她的第四杯咖啡，而能力相对欠缺的领导者刚刚发现咖啡壶在哪儿。你与团队进行合作或是开启某个重要企划的第一分钟，决定了你最终的成功与否。领导他人的时候要牢记：你没有任何一刻能够浪费。

用一丝不苟的时间管理技巧定调。

忽略时间的领导者会把相同的态度散播到整个组织中。时间的意义远不止于钟表，它意味着打造和孕育一种环境：纪律性和奋力拼搏取代粗心大意和对时间的随意态度。

记录每分钟、每天、每周、每月……

在回顾 UCLA 前些年的训练安排细节的过程中，我需要明确，在一个赛季的特定时间段里，哪些训练起了作用。这样做有利于球队一直保持进步；我会吸取过去的教训并把从中学到的东西用于实践。那些记录内容有助于我节省时间。保持良好的、有意义的记录，利用它们寻找进步的方法。

关于伍登

艾迪·鲍威尔(Eddie Powell)：中南本德高中校队成员；印第安纳州立师范学院助教、UCLA 助教。

不要迟到

晚上 6 点整，球队大巴正准备按计划出发，我们要同劲敌米沙沃卡高中洞穴人队打比赛。所有球员都在位置上坐好，准备出发，除了两个人。而这两个人恰好是球队的副队长。

"司机，我说了几点要出发去比赛？"伍登教练上车后问道。司机答道："晚上 6 点钟，教练。和平常一样。"

伍登教练又问："那么，现在几点了？"巴士司机看了眼表，答道："正好 6 点钟，伍登教练。"教练没有一点迟疑，回复道：

"很好，我的表也显示是6点钟。我猜那就一定是6点钟没错了。"

他转过身，看了眼巴士的过道——和那两个空着的座位——然后对司机说："我们走。"巴士开走了，没有等队伍里最重要的那两位选手。

教练的规矩是守时，不然巴士就会扔下你。即便那两名选手非常重要，规矩也不会改变。我们的巴士准时到达了米沙沃卡。

就算其中一位选手是中南本德高中副校长的儿子也不例外——即使那种人会给伍登教练的工作找麻烦。

从那之后，我们都清楚地了解到，教练没有在开玩笑：要准时。我们每次都会把这个故事讲给新入队的球员听，讲了很多年。它传达了一种信息：伍登教练从不开玩笑，他的每一句话都是认真的。

后来我们发现，那两位副队长为了去参加舞会翘掉了和米沙沃卡的比赛。

第十一章
胡萝卜比大棒更管用①

> "惩罚让人恐惧。我想要打造一支充满骄傲的团队，而非恐惧。"

我在印第安纳州森特顿上的小学，我们的校长厄尔·瓦里纳先生（Earl Warriner）手握着一种非常老派的激励工具：鞭子。它是用软枝做成的，原料取自校舍周围的树篱，将树枝砍下来之后打磨掉细刺，对于那些违反规定的小学生来说，那是一个相当有震慑力的鞭策物。

某天早上唱晨曲之前，我和四个同学决定和瓦里纳先生开个玩笑，假装在唱歌——只是对口型但不发声。当然，开始唱歌时——或许那并不能称为真正的"唱"——他不但察觉到了我们的恶作剧，也准确地盯上了我们几个始作俑者。因为我们的笑声暴露了自己。

瓦里纳先生叫停了晨唱，他慢慢地走到自己的桌子前，拿起鞭子。然后，他让我们排成一排，平静地问我们每一

---

① "The carrot is mightier than a stick."英文俗语，胡萝卜指代奖励，大棒则意味着惩罚。——译者注

个人，"你唱不唱？"我是第四个。

第一个男孩立刻老实了，几乎是在瓦里纳先生话音刚落就脱口而出："我唱，先生。"

第二个男孩在被要求转过身弯下腰的时候也投降了。就这么简单。

第三个男孩坚持到挨了一鞭子——就一鞭子。现在轮到我了。

"你呢，约翰，你唱不唱？"瓦里纳先生问道。"不。"我坚决地说道。他又问了一遍："你确定不唱？"我摇了摇头。我很确定。然后我挨了打。

"现在呢，唱不唱，约翰？"他问道。我再次摇了摇头："不唱！"又一鞭，而这次，我感受到了尖锐的刺痛，泪水开始在我眼中汇聚。

"约翰，现在你要唱了吗？"瓦里纳先生非常耐心地又问了一遍。我的决心动摇了，但我的态度依然坚定。"我尽量。"我不情愿地答道。但显然这个答案并不令他满意。我又挨了一鞭子。

"好好好，我唱。瓦里纳先生！"在我大喊出声的同时，旁边第五个男孩也大叫道："我也是，瓦里纳先生！我也唱！"

那天早上，我们以前所未有的热忱唱完了晨曲。即便到了今天，我仿佛还能听到教室里充斥着我们五个的歌声——因为受到了极大的鞭策。

什么才是最好的激励？

有时候，惩罚对学生和大人一样管用。但大多数情况下，领导者采用惩罚的手段，往往是因为其不理解惩罚的局限性，并且缺乏必要的技巧去建立一种立足于自豪感而非恐惧的激励机制。（瓦里纳先生精通于任何形式的激励。）

你或许会说，领导者的使命很简单：令下属发挥出最大限度的能力，持续为团队做贡献。而你的激励技巧决定了这一使命是否能完成，或者说，完成到什么程度。

我的结论是，当要在胡萝卜和大棒之间做选择时，精心挑选的胡萝卜往往要比大棒更有用，且激励的效果也更加持久。事实上，仅仅是持有一根这样的胡萝卜，就能够成为一项强有力的惩罚措施和激励点。拒绝轻易给出这根胡萝卜会催生更加强烈的欲望；胡萝卜可以变成大棒。

传统形式的胡萝卜包括金钱、升迁、奖励、大办公室或在组织团队里的重要职位。奖励胡萝卜的方式多种多样。但我认为，最强有力的、有价值的激励并不一定来源于物质层面，而是那些无形的东西。从这一层面来说，最棒的奖励就是你发自内心所尊重的人的认可，你一直追寻的那种认同。认可、背上的一个轻拍、一个眨眼、他们的一个点头或表扬——这些才是最强大的和最有价值的"胡萝卜"。至少，这是我的亲身体会。

How To Avoid Grievances

1. Get all the facts. What went wrong — not who is to ~~blame~~.

2. Stay calm. Find the solution together. Do not permit emotions to take over. Use Reason.

3. Criticize in private. ~~Criticism is to correct, help, improve, prevent, etc. — not to punish.~~ Listen if you want to be heard. ~~Disagree without being disagreeable.~~

4. Commend before and perhaps after you criticize. Help save face.

5. Keep your criticism constructive. Cri... is to correct, help, improve, prevent — *not* to punish.

Treat all people with dignity & respect.

"Any philosophy that can be put in a nutshell belongs there."

You can not criticize or positively influence at the same time

更重要的是，真心实意的认同能够引发自豪感，而惩罚只会带来恐惧。我想要打造一支充满自豪感的团队，而非恐惧。对团队的自豪感和对团队使命的忠诚奉献是全力以赴精神的基底。对胡萝卜的精妙运用有利于促成这一切，再结合谨慎地使用大棒将事半功倍。

若非出自真心实意，请不要说出来

来自受人尊敬的人的认可才有意义。而即便如此，如果表扬的次数过多或过于频繁，表扬也会失去价值。

频繁的、不必要的表扬会消磨真诚赞赏的价值。不经思考就进行表扬的领导者实际上等于放弃了一种更加强有力的激励方式——在背后的轻拍（当然，有时候轻拍的频率不能太高，但每次的力道却要重一些）。如果你不是真心想表扬，就不要说出来。

例如，我不会说："那太棒了！"我会说："很好，非常好。有进步。"或者是"就是这个意思。你现在明白了。很好。"牢记：表达方式和要表达的内容本身同等重要。我会控制自己的语气和态度。我很真诚。

对篮球而言，允许上场比赛就相当于是胡萝卜。而剥夺选手的比赛时间——让他去坐板凳——则变成一根令人恐惧的大棒。在商业领域，"板凳"以多种形式存在——拒绝给予特权、好处或升迁。（当然，免职或解雇代表着终极的大棒，对留在团队的其他成员也会起到一定程度的警示作用。但同时，解雇员工也意味着领导者的失败。你是否最开始就对他／她做出了错误的判断？你是否不擅长与其一起工作？解雇某个你引入团体中的人，代表着你自身的失败。）

伟大的领导者——他们取得的是持续和长期性的成果——均是善用胡萝卜和大棒之人。他们深知，对下属的纪律性磨炼是为了修正、帮助和使他们获得进步——而非惩罚。独裁型教练和领导者有其自己的方式（全部是大棒，没有胡萝卜），其效果也会非常显著。但对我来说，因恫吓和威胁而产生的恐惧和负面情绪、惩罚以及那些残忍的话语所具备的力量远不如个体的自豪感。

如果你引起个体的敌对和疏远，那么从长远来看，你将很难通过积极的方式对其产生影响。除此之外，一旦激怒某人并引起敌视感，你将不得不花上更多的时间令事件平息，让一切回归原样。

不要限制自己的选择

在对下属的行为准则预期框架内，应是表扬和批评共存的。

当我刚开始做教练时，我有很多的规矩，但很少给意见。规矩白纸黑字写得明明白白，相应的违规处罚亦然。球员一旦违规，惩罚随即而来，没有商量的余地。而那些惩罚通常是非常严厉的。我相当严格。

一旦发现有人抽烟，我会立即将其除名——不接受任何借口。在南本德高中那会儿，因为抽烟，我将一名顶尖的选手从队伍里除名，整个赛季他都不能上场比赛。我定了规矩，他违反了规矩。就是这么简单。那时，我认为这样挺好——没有废话的领导模式。诚然，我也因而忽视了特殊情况和可能带来的后续影响。因为我的行为，那个孩子后来退学了，因为失去了运动员奖学金的资助，他没办法继续学业。仅由于违反了禁止吸烟的规定就剥夺一位年轻人获得大学教育的权利是不可原谅的。可惜当时的我非常不成熟，还不足以明白这些。

最终，我发现在决定何时以及如何实施惩罚——执行纪律——需要将常识纳入考量。经过这些年，我从一个订立了许多规矩而甚少提出建议的人转变为一个会提出很多建议但规矩相对没那么多的人。很大程度上，我将具体的规矩和惩罚措施替换为切实的建议和较笼统的违规后果。这让我在处理不良行为时有了更大的灵活性，我可以作出更有效的回应。

如果个体明确知晓针对某种不良行为的惩罚措施，他在潜意识中就会去衡量风险与回报比。他可能会认为冒险是值得的。但如果你不言明具体的惩罚措施，某些人也许就不会尝试去做错误的决定。他们无法确认冒险值不值得，因为他们不知道会有怎样的惩罚。

> **切实的建议好过严格的规定**
> 在处理不同的人和情况时，领导者需要留有余地。想要同团队成员建立富有成效的人际关系，领导者要尽可能地给出建议或进行教导，而非将自己束缚进一长串严格的规矩当中。

什么都不知道才是最可怕的

有这么一个故事——当然是虚构的——最能反映我的观点：不言明具体的惩罚措施。一个牛仔把马拴在当地酒馆外头，走进酒馆点了一杯凉啤酒。他喝完之后出门，发现马不见了。

牛仔跺着脚冲回了酒馆，一拳打在吧台上，大吼道："你们有人偷了我的马！现在，我会再点一杯冰啤酒。喝完之后，我会慢慢走出门。不管是谁，我劝你最好把马牵回来拴好。否则，我就要让你们看看我在得州是怎么干的——我在得州是怎么干的，我会再干一次。"

牛仔又要了一杯啤酒，喝完之后，他走了出去。果不其然，他的马好好地拴在拴马桩上。他骑上马准备离开时，酒保追了出来问道："嘿，伙计，干得漂亮。但我还是想问问你，在得州，他们牵走了你的马之后，你干了什么？"牛仔低头看了一眼酒保，答道："我走回了家。"

你的下属——就好像那些在酒馆里的牛仔——对于未知的东西更为恐惧。随着我执教能力的不断成熟，我愈发地依赖于提出切实的建议，不言明具体的惩罚措施。

20世纪70年代，无论校园还是整个国家都充满动荡，我强烈建议球员戒烟戒酒。如果他们的酒后行为导致球队名誉受损，会受到相应的惩罚措施。

但我并不会言明具体要如何惩戒他们。不同于我早年的执教方式，我留给自己选择的余地——有机会去评估后续影响和某些可酌情考量的情形。为了提高效率，领导者必须给自己留一手。

此外，当恶劣情况发生，需要强硬措施或言辞干预时，我会私底下提出批评，而不会当着其他人的面。我的指责从不带有敌意。虽然我很严厉，但我不会夹带私人情绪——我不会侮辱、责骂或迁怒谁。当然，某些场合下我确实没能做到这一点。有时候，为了达到效果，我会故意让情绪爆发出来。而其他时候则因为我只是个普通人，而普通人会犯错。

> When mistakes are made, such as missing an easy shot, making a bad pass, overlooking an open man, letting your man get away, or something similar, I insist that the boys never criticize each other but encourage the offender so that it won't happen again. It is up to the coach to do the criticizing and it should be as constructive as possible.

批评的目的

每当讨论或行动结束时，就代表一切到此为止。我们会继续处理其他的事项，而非沉浸在愤怒或敌视的情绪当中。至少，我会尽最大努力确保这一点。

我从来没有想过故意让谁尴尬或羞辱谁。批评和惩戒的目的是纠错、提高、教育、改正行为或带来好的改变。这很需要技巧，因为一个不小心就会引发负面情绪，如厌恶、愤怒甚至仇恨。缺乏这方面技巧的领导者经常会发现，他／她尝试给出的那些有建设性的批评反而带来了不利影响。打消某个或某几个团队成员的积极性会损害团队本身。

提出批评时，必须确保你所造成的伤害在短时间内就会愈合。个体遭受人身侮辱，尤其是当着其他人的面，就属于完全不必要的伤害。

如果领导者善于将认同并遵循行为规范的优秀人才引入组织，那么，我的原则之———"多提建议而少定规矩"——实行起来则会更加事半功倍。

在积极正面的环境下提出的批评最为有效，当好的事情发生时——赢球或训练时精准的战术实施——批评会起到最大的效果。同样，表扬效果的最大化则出现在个体或团体遭遇挫折时，这时候他们最需要强有力的支持。

条件允许的话，我会去尝试将批评与表扬结合起来。大部分人都不喜欢被批评，尽管这样做是为了他们自己好。而在批评中带入一部分认可——表扬——则会减少他们的抗拒。例如："我喜欢你在防守时表现出来的攻击性，带球进攻的时候也试试如何？"

类似的陈述是一种方式，既真诚地提出表扬，同时也指出了问题所在及如何去改正。其结果通常是富有成效的。在商业领域，有很多机会可以把表扬和批评结合在一起。

例如："这个销售季度的成绩非常漂亮。我们如何把握住这种势头，来完成年度销售指标？"

又如："我很抱歉，你的第一份工作到此为止了，虽然只有 6 个月，但我认为你做得非常好，非常专业。"

只有领导者可以提出批评

我在赛季初就说得很清楚，只有领导者才可以提出批评。球员不允许互相指责或嘲弄队友。批评——球员之间、员工之间的相互批评——会给团体带来极大的不利影响。我花了很多年的时间才搞清楚要在什么时候、用何种方式去提出表扬和批评，才能够达到最佳效果，同时将伤害降到最小程度。类似的事情我不能忽略，它也不在球员的能力范围之内。我绝不允许这种行为。

在极少数情形下，当某个或某两个球员开始言语攻击他人时，我会等到大家回到更衣室之后，提醒整个球队罗马帝国是如何崩溃的——不是由于外部因素，而是源自内部：内部的斗争、争吵和流血。我告诉他们，罗马帝国的灭亡是咎由自取："而同样的事情也可能发生在我们身上。内部分裂的队伍不会取得成功。"对于那些没能领会我意思的少部分人，我会在私下进行处理。

> "敌人正在努力击败我们。如果我们内部出了问题，就等同于在帮助敌人打败自己。"

一方面，我禁止球员之间互相指责；另一方面，我教导——并坚持要求——他们向那些帮助自己得分的队友致谢。实际上，我或许是最初几个会做这种要求的教练之一。

By encouraging the weak side men and the protectors and complimenting them whenever a play away from them culminates in a score, I try to instil a better team spirit. A scorer must always compliment the passer and all the boys must compliment a scorer, one who does a nice piece of defensive work, who gets the ball off the board, intercepts a pass, or makes some other valuable play--not by a great display, but by a nod, a smile, or a kind word or two.

在组织内部，无论是表扬还是批评都代表着一股不稳定的力量，这股力量同样也会来自外部团体、朋友、家人和媒体。我对其潜在的破坏力非常警觉，我告诉球员不要去在意别人怎么说或怎么写。"你看到表扬会觉得开心，看到批评则会生气。无论哪种情形——是不是值得或喜欢某种评价——都无视它们，如果你让这些东西影响了你，其结果将会对球队不利。"

有意义的、有积极影响的表扬和批评都应该出自我和助教们。其他所有关于 UCLA 篮球的评论——《体育画报》、报纸、广播、朋友、家人或亲戚——都不重要。

表扬和批评会给组织内部带来多大的影响，我对这一问题的理解与感知大部分源于亲身经历，源自我小时候和父亲的关系。当我和兄弟们犯错时，父亲并不反对给我们几鞭子。但我更想让他开心，这才是激励我的东西。我不怕体罚，我真正恐惧的是父亲会对我的行为感到失望。

后来，教练和导师也成为我非常尊敬的人。他们的认可——表扬，在背后的轻拍——对我来说就好比黄金一样——事实上比黄金还要珍贵。因而我确信，作为一名教练和领导者，如果我的表现能够获得下属的认同，那么同样鲜明的激励效果就会产生。如果成功了的话，我将会获得领导者最强有力的工具之一——下属的尊重，我会带领这些人参与竞争。

我努力去赢得那份尊重，因为我知道，我说的话会因此变得非常重要。我的表扬和赞赏会成为最大的那根胡萝卜。同样，关于胡萝卜和大棒，你还可以参考以下几点建议。

领导建议

胡萝卜更易于灌输自豪感。

优秀的领导者或许本能地了解这个事实。如果一个组织的成员总是害怕处罚，那么在与那些充满自豪感的团队的竞争中就会处于巨大的劣势，尤其是从长远来看。

所有的表扬都要真诚和适宜。

针对个体的尖酸批评会带来不利影响，口是心非的夸赞亦然。你的表扬只有在发自内心且真诚地表达出来时，才会有效果。其他的都不管用，甚至有时还会引起负面效果。

绝不容忍内部的相互指责和抱怨。

领导者应该是唯一有权对团队成员进行评判和批评的人。而批评的目的是纠错、改善、做出改变，而非羞辱、贬低或惩罚谁。这一任务需要高超的技巧和精准的判断力，最好还是留给那些有能力的管理层和教练去完成。

不要将自己束缚于严苛的惩罚体系当中。

成功的领导者深知，要给自己留选择的余地，便于针对具体情况做调整。当然，涉及重要的规定，明智的做法是明确相应的违规惩罚。不过，在做决定时也要将常识纳入考量。公平要比对错更重要。

关于伍登

比尔·希克斯（Bill Hicks）：1960—1962 年，UCLA 校队成员。

执行规定时要有灵活性

某天训练时，我们当中非常优秀的一名选手——或许是最优秀的那个——因为某些事非常烦躁，中途离开了球场。这令伍登教练很尴尬，他不想失去那个人。原本优秀的选手就不多，我们浪费不起。

教练是如何解决这件事的呢？他先是告诉那位发脾气离开球场的选手，他的训练暂停。但随后，他又通知他，球队会对于是否让他归队做一个投票。这样一来，每个人都保全了颜面。同时，球队也获得了授权，因为每个人都参与了决策。当然，我们都选择了让他归队。

教练解决了他的问题，既对选手做出了惩罚，同时又增强了团队的力量。很典型的伍登式领导力——充满了创意性。

他对所有的球员都一视同仁——没有特别偏爱谁——但他自己也会说，他只是个普通人，可能也会更喜欢某些人。但他承诺，在对我们球员进行评估时会保持绝对的公正。伍登教练想让我们知道，他不会偏爱任何人。我们每个人都有同等的机会。

伍登教练一直对细节抱有高度的热忱。他希望我们正确地系鞋子、正确地前旋。做任何事都有正确的方法。他希望我们知道如何去做。

所以，他教我们该怎么做。

第十二章
让每个人都能够有所成就

"你团队中的每一位成员都有可能取得个人成就；领导者的任务就是帮助他们实现这个目标。"

在权威和专家们的眼里，迈克尔·乔丹（Michael Jordan）无疑是 NBA 历史上最伟大的球员。毕竟他们就是靠这个来吃饭的：评判谁是第一人，谁是最优秀的，谁又是最伟大的。

我执教 UCLA 篮球队的那些年，很多球员，包括比尔·沃顿、小费德南迪·刘易斯·阿辛多尔（卡里姆·阿卜杜尔·贾巴尔）、基斯·埃里克森（Keith Erickson）、西德尼·威克斯、华特·哈泽德（Walt Hazard）、基斯·贾马尔·威尔克斯（Keith Jamaal Wilkes）、盖尔·古德里奇和戴维·迈耶斯（David Meyers）都获得了不少荣誉：最有价值球员奖、全明星队成员、来自媒体的盛赞和全美最佳阵容选手。

因而，我经常被问及："你执教过的最伟大的球员是谁？"这个问题我听了数百次，但我从未作答——选出一个最伟大的球员——我不喜欢评判"谁是第一"的那一整套东西。

对局外人来讲，这种事或许无伤大雅，但要让我说出手底下哪个球员比其他人更优秀——是"最伟大"的——背离了我坚信的成功基本原则。我认为，个人成就取决于其自身的潜力，而不是由队伍里或别的什么地方的其他人来决定的。

成就是可触及的

我想要手底下的人——球员、助教、学生经理、训练员——明白，我所追求的那种成就是他们每一个人都可以获取的：通过尽自己最大努力去完成每一份具体的工作。我要让他们明白，只要实现了这个目标，他们就取得了我最为看中的那种成就。

我不会要求我们的学生经理莱斯·弗里德曼（Les Friedman）去干比尔·沃顿的活儿，我也不会让比尔·沃顿来干我的活儿。每个人仅需尽全力把自己分内的事情做好。个人的成就就蕴藏在其中。

作为一名领导者，我的工作就是要尽可能地帮助团队成员达成以下目标：打造一种氛围、培养一种态度，充分发挥每个人的能力。领导者个人的成就在于他／她是否能够有效地激发下属的潜能。从这个层面来讲，每一位组织成员，其个人成就实际上唾手可得，不管你的职位是什么，你负责的又是什么——执行总裁还是秘书、首发球员还是非首发球员、总经理还是主教练。

这并不是什么天真的想法。我明白像比尔·沃顿这样的全美最佳阵容选手的影响力要远高于坐在板凳席末端的UCLA球员。但我期望（或者用"要求"来形容会更加准确）我所带领的每一个人都能去追求成功——他们个人的成就，而非其他人的。

同样，比尔·沃顿之所以能够获取他个人的成就，与球队其他人取得了各自的成就是分不开的。为了使球队更加出色，每个人都要各司其职，去寻求和发挥出自己最好的水平。

三百六十行，行行出状元。领导者如果能够牢固地向其成员灌输这种信念，就已然卓尔不凡。他们建立的组织培养和哺育了那些获得成功的人，他们打造的优秀团队充满了为团体利益竭尽所能的人。这无疑是一股快速增长的、高效的力量。

在所有成功的人当中，有些人天赋更高或更加聪明，他们会比其他人得分更多、销售业绩更加漂亮。但他/她就因而比团队当中的其他人更伟大吗？不。这不是我主要的衡量或评判标准。我的初始目标是尽力确保球队中的每个人都竭尽所能，致力于各自的工作——以获取个人的成就。因此，我会避免用"替补"来称呼那些没有被选为首发的球员。对于那些尽职尽责的球员，称其为"替补"是失礼的。一名球员可以是首发或者非首发球员，但绝不是一个替补。

本书的第三部分会讲到，我鼓励校友和校团体授予选手的季后赛奖项从来不是针对那些得分王的。"最佳精神状态奖"

"最无私团队成员奖"和"进步奖"这类品质更应得到承认和赞扬。

将个体单独拉出来，并赋予其"伟大"的头衔——在体育领域或许指的就是得分王——削弱了球队中其他人的角色及其工作的价值，让他们看起来仿佛是二等公民。得分需要十只手共同努力，我对此原则深信不疑。任何妨碍这一合作态度的东西都会产生反作用，会催生组织内部的等级制。

球衣号码不应仅属于某个人

我强烈反对将某个球员的球衣号码退役。因为，这等于是宣称他就是最伟大的那个人——比球队里其他的人都要优秀。

我个人非常反对 UCLA 退役比尔·沃顿和小费德南迪·刘易斯·阿辛多尔的球衣——分别是 32 号和 33 号——的决定，但出于对老队员的尊重，我还是出席了在保利体育馆举行的仪式。我不想让他们难堪，尽管我很反对这件事。他们理解我的想法，因为他们都非常注重团队精神。

刘易斯和比尔将球队的福祉置于个人荣耀之上。他们为球队所作出的贡献也是毋庸置疑的。然而，穿同样号码球衣的其他人同样为球队披荆斩棘，为 UCLA 篮球队的福祉倾尽所有。其他穿 32 号和 33 号球衣的人也成就了自身。与比尔和刘易斯一样，这些人竭尽所能为球队贡献力量，他们全力以赴，获得了个人的成就。

例如，在 1970 年和 1971 年担任球队中锋（这两年 UCLA 均斩获全美总冠军）的史蒂夫·帕特森（Steve Patterson），他的球衣号码是 32 号，而比尔·沃顿刚好在 1972 年披上了相同号码的校队队服。最后 32 号怎么就变成比尔的私有财产了？

无独有偶，刘易斯 33 号球衣的前所有者是威利·诺尔斯，1956 年获选全美最佳阵容。诺兰·约翰逊（Nolan Johnson）虽然没能入选全美最佳阵容，但 1957 年他披上了 33 号球衣。

球衣的号码是属于球队的，而非属于某个人，正如荣耀是属于整支球队的，而非教练或某个球员自己。我力求打造这样一支球队：每个人在认清自己定位的基础上，追求属于自己的成功——无论大小——只要是对团队有益。我指导球员如何实现这一目标："无论我让你打什么位置，你都要接受它，然后尽你所能去完成任务。"

无论是非首发阵容还是明星选手，我都激励他们充分发挥自身的潜能。一个组织想要成功，所有成员都必须是"伟大的"——以其特有的方式。各司其职，全身心地投入。领导者要负责教导和灌输这种理念。

对待奖励要谨慎

在你的奖励列表中，无疑要有一项对个体贡献的认可，但其价值必须等同于"进步奖""最佳态度奖""团队贡献奖"，或对其他增强组织实力行动的奖赏。通常来讲，"月

度最佳员工"是最为有效的一种激励工具,它不但是对员
工行为的认可,同时,也给你的"得分王"设立了要超越
的目标。

提供支持的角色同样伟大

斯文·内特(Swen Nater)深知,相较于比赛,他的价
值更多地体现在训练中。在球队里,他是天赋超群的比尔·沃
顿的替补中锋,这一安排有利于比尔不断在训练中磨炼技术,
因为他所面对的中锋——斯文——同样具有高大的身材和不
错的天赋。(斯文在全美其他任何一支球队中都可以成为首发
队员。)

斯文加入前,我非常清楚地向他解释了他在球队中将要
担当的角色,以及他的角色对球队的重要性。斯文选择接受
并积极主动地融入其中,帮助 UCLA 两次斩获全美总冠军。

比尔·沃顿就比斯文·内特更伟大吗?站在领导力和团
队产出的角度来看,这种问题对我来说没有意义。顺利完成
各自具体且重要的任务,为团队作出了贡献——从这一层面
来说,两个年轻人都获得了自身的成就。这对我来说才是
最重要的。

领导者有责任教导组织成员,任何岗位都有可能取得
个人的成就。当组织内全体成员都努力去获取个人成就

时——为其对团体所做的贡献而自豪——就会释放出一股
强大的力量，令你的组织或团体变得更加有效率，更加具
有竞争力。

> "个人成就并不取决于工作量的多少，而是取决于你所
> 付出的努力的多少。这对团队中的每一个人都适用。"

鼓励野心

在任何竞争性环境中，都有这么一群人，他们有天赋、
有野心，他们也许是善于团队协作的选手，但同时也在寻求
途径扩大其在团体中的影响力。尽管这一目标并不一定立
刻就能实现，但请不要摧毁他们的意愿或磨平他们的野心。
野心，经由适当的控制和引导，效果显著。

告诉有野心的那些人，在一鼓作气前进之前，他们首先
要出色地完成赋予他们的任务。想学微积分要先学几何学，
而几何学前面还有加减法。每一种技能都要逐步掌握，而后
个体才能向下一个等级进军。在被赋予更重要的使命之前，
球员必须把现有的工作做到尽善尽美。

提醒你最具野心的下属们，他们必须有耐心，如果对现
有工作能够保持一贯的高效率和高标准，机会总会到来的，
并且往往会出其不意地到来。我告诫那些有野心的选手："机
会来临时，做好准备，否则它可能永远都不会再来了。"

> 明确告知所有人：只有在熟练掌握现有工作的基础上才能够获得"晋升"
>
> 不要打压野心，相反，要让他们知晓，对待现有工作要全身心地投入。只要他们有耐心并持续取得进步，机会会出现的。

我最成功的球员们

康拉德·伯克（Conrad Burke）刚来 UCLA 那会儿，几乎没多少成为正选的希望。第一次看他打球时，我摇了摇头，思忖道："天哪，这个大一新生没什么希望了，如果大二他能加入校队，说明校队也快完蛋了。"

想象一下，就在下一个赛季，他成为校队首发队员，我是多么惊讶和欣慰——当然，校队也没有完蛋。相反，UCLA 以 16 胜 0 负的纪录荣登联盟冠军。尽管康拉德缺少教练欣赏的那种身体状态和技巧，但他非常聪明，还很努力，近乎完全激发了个人的潜能，因而成就了自身。

举例来说，尽管他弹跳力一般，作为中锋来讲身材也不够高大，但他通过不断的训练和观摩，学会了如何在篮下占据有利位置，这对抢篮板球来说至关重要。

康拉德通过不懈的努力，尝试去展现他全部的才能，他成功做到了。他明白该如何为球队做贡献——非常大的贡献。

有野心的人，经过恰到好处的引导，确立明确的目标，会获得他人意想不到的成就。而领导者的作用就是去帮助个体了解自身的长处和弱点，施展自身的长处，同时寻找适当的方法尽可能克服自身的弱点。

另外一个近乎发挥了个体100%潜能的人——我所定义的个人成就——是道格·麦金托什，大一那会儿他看起来也不是校队的料。他第一次在人民体育馆里打练习赛的时候，我就在想："这家伙别想在UCLA校队打一分钟有意义的比赛。"

再一次，我错判了一名球员为在实现个人成就的过程中发挥出最好的水平，可以付出多大的努力。第二年，道格离开板凳席上场打了30分钟——非常关键的30分钟，帮助UCLA击败了杜克大学，捧回了我们第一座全国总冠军奖杯。

在评估道格的潜力时，我没能察觉到他的决心，不断努力展现出自己最好状态的决心。正是这种一往无前的意志帮助球队夺得了全美总冠军。尽管默默无闻，却全力以赴。（道格的球衣号码是32号，8年后比尔·沃顿也披上了这个号码。所以你看，站在球队的立场上，将32号交给其他人是不合适的。）

道格和康拉德都没有获得太多的关注，他们也并没有进NBA打比赛，没有哪个权威人士认为他们是伟大的球员、最优秀的球员或者其他类似的评价。但在我看来，他们两个和我曾执教过的其他球员一样成功——我高度赞赏这种类型的球员。

凭借不懈的努力和缜密的思维，两人都几近发挥出了自身全部的潜能。和我执教过的其他球员一样，他们的目标非常明确，那就是尽其所能帮助球队获得胜利。作为他们的领导者，我可以非常自豪地说，是我本人，营造了一种球队氛围去培养这种态度。

当领导者眼中所见的是整个团队，而非某几个明星选手时，他／她能够发现并激发出个体隐藏的潜能。这种类型的领导者善于营造出这样一种氛围：每一份工作都是有价值的，每一位组织成员的存在都是有意义的。在这样的环境下，每个人都明白，团队的成功某种程度上取决于他们为追求自身成就所做出的努力。

道格和康拉德的重要性是否可以同卡里姆·阿卜杜尔·贾巴尔、比尔·沃顿或其他人相提并论？这个问题对我来说没有意义。记住我父亲的建议：不要担心他人比自己优秀，你只需从不停下脚步，努力成为最好的自己。道格和康拉德做到了。

Each player, however, must have the proper mental outlook and mental attitude. He must be unselfish and want, not just be willing, to sacrifice individual glory for the welfare of the team. He should be industrious and "bubbling over" with enthusiasm. As I stated earlier, each player should feel that, although others may have more ability, may be larger, faster, quicker, able to jump better, etc., no one should be his superior in team spirit, loyalty, enthusiasm, cooperation, determination, industriousness, fight and character.

Each player should have an intense desire to improve. He should be studying and working toward further development at all times. In the majority of cases, the only difference between a truly star performer and just a good player is merely the perfection of a few minor details or fundamentals. This doesn't occur by chance or accident, but by study and hard work.

There is no substitute for being prepared and preparedness can be acquired only through study and hard work. Those who are prepared are never lacking in courage and confidence, and it is real, not false.

很重要的一点在于，领导者自身要领会并灌输这一理念：每一位组织成员都可以成就自身。当你释放了下属内心的欲望，鼓励他们去追求他们自身的成就——日复一日，月复一月——你会发现身边涌现出超乎想象的人才，正如同我对康拉德、道格和其他许多人的引导那样。一个成功的组织、一个成功的团队是由许多这样的个体组成的：他们每个人用其特有的方式成就了自身。

不要问"谁是最伟大的？"而是要问"我所领导的那些人当中，有多少人成就了自身？"这才是最重要的，只有这样才能够打造一个伟大的组织。

领导规则

每一份工作都是有价值的。

每一位团队成员都有机会达成个人成就。只有领导者持续不断地强调这一点，它才会被理解和接受。个体须知晓，他／她的贡献是有价值的，并且足以影响团队的成功与否。

鼓励，并管理野心。

作为团队中的一员，野心可以是一种非常有价值的品质。然而，你要告诫那些追求晋升和履行更重要职责的人，实现野心的前提是熟练掌握现有的工作。不要让任何团队成员好高骛远，忽视现有的工作责任。

教导你的下属去等待意外的机会。

意外之机的降临往往有诸多原因。就篮球比赛而言，可能是首发成员的犯规离场或伤病。在商业领域，可能是公司开发了新的客户或兼并了另一家竞争公司，又或者是某个员工离职。关键在于当机会来临时，确保你手下的人做好准备，无论精神上还是身体上的准备。明确告知每一个人，晋升的机会很可能悄无声息地降临，没有任何预兆。而当机会出现时，每个人都必须做好准备抓住它（否则机会可能就不会再出现了）。

相信每个人都是有潜力的。

营造一种奖励努力工作和进步的氛围，有利于激发下属隐而未现的才能。当员工——团队成员——发现在更好地完成任务和协助团队的同时，自身也能够得到完善，其工作就会更加卖力。这种情形通常最容易发生在那个你或许完全不曾抱有过期待的人身上。作为一名领导者，你的职责就是激发团队中每一个人的潜能，挖掘出隐藏的人才池。能够有效挖掘出他人潜力的领导者才是真正有能力的领导者。

关于伍登

道格·麦金托什：1964—1966年，UCLA校队成员；曾两次获得全美总冠军。

潜能的力量

"你能做到的事要比你想象中的多。"这是我从伍登教练的教导中学会的最重要的事。只要你愿意去努力，总能挖掘出自身潜藏的力量。

大多数时候我们并不认为自己具有多大的潜力。而教练会把我们的潜能激发出来。他告诉我们："做好准备，你的机会就会到来。如果这次你没准备好，机会可能就不会再出现了。"

他让我知道，没有所谓的"小"机会一说。每一次机会都至关重要。如果你只能上场两分钟，就把它变成你最出彩的两分钟。这就是你的机会，无论是在篮球比赛中还是在日常生活里。做好准备，把握住机会，因为机会可能不会再出现。

1964 年那会儿，我已经连续 29 场比赛没能进入首发阵容，当年的第 13 场比赛我们对战杜克大学，赢家就会成为全美总冠军。那场比赛开始时，我依然坐在板凳席上，就如同此前的 29 场比赛一样。但我是做好了准备的，每个坐在板凳席上的人都做好了准备。

比赛进行到第 5 分钟时，教练给了我一次机会。我代替弗雷德·斯劳特作为中锋上场，因为后者没能迅速进入状态。我一直打到比赛结束，UCLA 拿下了第一座全美总冠军奖杯。

1965 年，UCLA 在总决赛对战密歇根大学。这一次我没有坐板凳，而是成为首发队员，打出了我打篮球以来最好的 10 分钟比赛——我在球场上来回奔跑、阻攻、抢篮板。之后教练把我换下场休息，代替我的是迈克·林恩。

迈克像疯了一样——打得非常出色。那场比赛我大部分时间都待在板凳席上。当属于他的机会来临时，迈克做好了准备，和我 1964 年的情形一样。对我来说，没什么不能接受的，只要这么做对球队有益。

一年前，弗雷德·斯劳特对于我代替他上场也没有表示出异议。弗雷德同样认为，如果这样的安排对球队最有益，那么这也就是对他最适合的安排。

这种理念我们是从何处得来的？伍登教练。他系统地将这一理念灌输给我们所有人。总有人因为想要更多的上场时间、担当更重要的角色而心存怨恨，但教练非常善于让球员们理解，团队的利益是第一位的，做有利于团队的事——即便那意味着你必须坐板凳席——就是对我们最好的安排。让我们明白这些可不那么容易，但教练做到了。

在 UCLA，我们有 5 个人在场上比赛，7 个人在边线组成啦啦队。当我坐在板凳席上的时候，我就是一名啦啦队长，而这个角色也非常重要；我要成为一名优秀的啦啦队长，因为这样做有助于球队。

1966 年，在 UCLA 成功卫冕全美总冠军之后，很多人认为棕熊队会拿下第三个冠军。但我们并没有，主要是因为伤病。那个赛季里，伍登教练的态度和上一年 UCLA 赢得冠军时没有任何不同，和上上年 UCLA 第一次拿下冠军时也没有任何区别。

我们开始输球时，他并没有变成一个极端的疯子。他的行为举止始终如一，无论那是不是一个冠军赛季。没有说"我太倒霉了"，也从未提及任何有关不幸和伤痛的话题。

通过训练，伍登打造了一支伟大的队伍。他是那种"训练教练"，他的训练菜单标准非常高。他相信，你在训练时的表现就等同于你在赛场上的表现。

他是个非常严格的人，但球员并不惧怕他。因为我们知道他的批评或评论里不会夹带任何私人情绪，他所做的一切都是为了球队的利益和福祉。我们都明白，并且我们的目标是一致的。

他教导我们，纪律是优秀团队的标志。而伍登教练是一个自律的人。某种意义上，那意味着他善于控制自己的情绪。

我不知道他的成功是否有什么"秘诀"。他只强调三件事：技术、状态和团队精神。

我在 UCLA 进行的训练和我在高中所做的那些是一样的——是一模一样的。只不过，伍登教练会训练得更加频繁，他更要求速度和精准性。他对基础的东西有更高的要求。没什么秘诀可言。

他全情投入，却从不会大喊大叫，或抓乱自己的头发。教练的行为举止非常得体，从不过多地暴露自己的情绪。但我们都知道他在想些什么。

他善于控制自己的情绪，但偶尔也会濒临失控。我见过他最生气的一次是我们对战俄勒冈州立大学时，那会儿我为了得分跳得非常高，但对手从下面拦住了我的双腿。我跌落在地，当场撞昏了过去。我清醒过来之后，看到伍登教练站在一旁，他毫无疑问发了火，要求裁判将故意犯规的俄勒冈州立大学球员罚下场。

他同样不会容忍我们在赛场故意耍花招。如果哪个球员因为愤怒而非法用肘，他会把你换下场，让你坐板凳。而后，在合适的时机，有你好受的。

他最不能容忍的就是我们失去理智。他要求我们控制住情绪。如果你在比赛时情绪失控，他会让你付出代价。他很清楚当你失控时——当情绪主导了你——你的发挥就会受影响，你的潜力会被禁锢。而他要你在球队需要时释放潜能。

第十三章
寻求重要的改变

"居安思危，切勿安于现状。"

1961—1962年赛季对UCLA的篮球项目来说是一个转折点，它最终成就了UCLA的10个NCAA全美总冠军，其中包括七连冠和88场连胜。我从未想过这种事会发生。

那个赛季初，已经是我执教UCLA棕熊队的第13个年头了，我不得不说，UCLA打篮球的硬件条件非常简陋，或许和美国其他重点大学一样糟糕。我们的训练场馆——人民体育馆——既不开阔，通风条件也很差，时常会有其他运动项目的学生选手和我们挤在一起训练。场馆里经常会有骚动和令人分神的事发生——绝非一个适合教导或学习篮球技巧的场所。

此外，为了杜绝火灾隐患，观众席座位也非常有限。后来我们不得不去到其他本地学校打"主场"比赛。老旧的设施也影响了我们招揽具有非凡天赋的篮球选手。毫无疑问，很多人会选择那些能够提供优良设施的学校。

我刚到UCLA时就被迫面对这些实际的问题，很快我就得出了结论，在这种条件下我基本无法实现我的教学目标。同时，这种情形也影响了我对于 UCLA 获得全美总冠军的可行性评估。明确地讲，在内心深处，我认为 UCLA 绝无一路赢下去的可能。不幸的是，我的某些态度或许影响到了我手底下的人。领导者的态度，无论是有意识还是无意识的，会不可避免地成为其下属的态度。温斯顿·丘吉尔（Winston Churchill）的决心、勇气和反抗精神在最艰难的时期支撑起了整个国家，他的态度成为他所领导的那些人的态度。对于高效的篮球教练和商业领袖来说，情况也是一样的。

尽管训练设施给我们带来的巨大不利让我很不舒服，但我还是接受了现实。偶尔我们或许会发挥得不错，但想要夺冠？不可能的。

这些现实因素对我的执教产生了怎样的影响？我并不是很确定，但我知道的是：1961—1962 年赛季的比赛彻底地改变了我的立场，取下了罩在我双眼上的眼罩，拔除了我给自己设置的障碍——其实这些障碍在最开始就不应该存在。而随后发生的一切更是给我留下了一个深刻的教训：我们在无意识当中到底给自己和我们的组织设下了多少限制——在我们应该问"该如何去做"的时候，我们究竟说了多少次"不"。

冠军近在咫尺

出乎所有人的意料，1961—1962 年赛季，棕熊队仿佛一匹黑马一路杀进了四强赛，在半决赛的最后几秒钟以 72：70

的比分输给了辛辛那提。这是球队历史上首次打入四强。

全凭比赛结束前的最后一投定输赢的时候，其结果是五五开的，这场半决赛也不例外。比赛还剩 2 分 27 秒时，约翰·格林（John Green）的两个罚球将比分锁定在了 70∶70。随后，UCLA 被判了一个进攻犯规，球权交给了辛辛那提。时间到了最后 10 秒钟，熊狸队喊了暂停。

比赛恢复后，辛辛那提的汤姆·赛克（Tom Thacker）——全场比赛没有拿下过一分——从汤姆·塞泽（Tom Sizer）手中接过了球，在最后 3 秒钟里，运球到身体右侧，停下，在距离篮筐 25 英尺之外的地方，投出了最后一球。72∶70，UCLA 输了。第二晚，辛辛那提成功卫冕全国总冠军。

我们距离胜利就差了那么一点点。这唾手可得的胜利启示了我。

UCLA 差点就摘得了 1962 年的 NCAA 全美总冠军，这一事实让我震惊不已。突然间——猛然地——我发觉，我们老旧的篮球场馆，人民体育馆，并非我们无法赢得全国总冠军的借口。华特·哈泽德、彼得·布莱克曼（Pete Blackman）、加里·坎宁安、比尔·希克斯（Billy Hicks）、弗雷德·斯劳特、吉姆·斯图尔特（Jim Stewart）、戴夫·韦克斯曼（Dave Waxman）、约翰·格林、吉姆·米尔霍恩（Jim Milhorn）和吉姆·罗斯瓦尔（Jim Rosvall）、我们的助理教练、学生经理和我们的训练员道奇·德雷克差一点就将它变成了现实，尽管我们被迫承受着训练设施所带来的巨大不便。

如果我之前把人民体育馆当作棕熊队在以往 NCAA 季后赛里差劲表现的借口——连续三个赛季，我们第一轮就被淘汰了——是时候摈弃这个借口了。潜意识里的障碍被移除，灯亮了。

我不会再对自己说 "不"；我不再满足于现状。我现在终于明白，我本该在更早之前就发现的，UCLA 是有夺冠的可能的。而能否夺冠其实与人民体育馆无关，它取决于我能否找到实现这一目标的方法。

不要找借口满足自己

当我意识到训练设施并非阻碍我们夺冠的一个因素后，我丢掉了某些形式的自满，或许还有下意识找的借口。那种感觉很难形容，我只能说，我开始意识到，那些我无法控制的东西——人民体育馆和它施加于我们身上的影响——实际上妨碍了我能够掌控的事情，例如不断寻求新的方式方法进步，去参与高水平的竞争。

有了这种想法做支撑，我或许会对过去的事情释怀——没有什么可欣喜的，但足以释怀。我绝不再会满足于告诉自己棕熊队已经做到了最好，已经取得了足够多的进步。

Never be satisfied. Work constantly to improve. Perfection is a goal that can never be reached, but it must be the objective. The uphill climb is slow, but the downhill road is fast.

未来将不再会有任何借口，我们要做的仅仅是不断寻找解决之道。1962 年那场令人震惊的突破之后，我开始全面而细致地回顾我所做的一切，还有哪里可以改善。我开始认真地寻求改变，以期提高棕熊队在季后赛的竞争性，我坚信这些改变会引领我们更进一步——有来自外部的，也有源自内部的。

我回顾了自第一天执教棕熊队起的所有事——我的笔记本，3×5 英寸卡片，训练和比赛数据，等等，很多很多——我尝试去寻找是否因为我的某些行为而拖了球队的后腿。很快，我找到了答案。

> **永远不要认为你的团队已经做到了最好**
>
> 老旧的人民体育馆给了我一个借口，去接受球队的比赛结果。想想你的工作地点和你手底下的那些人，你是否因为错误的观念和假想的局限拖了团队的后腿？明确这些问题，并消除掉它们。寻找解决办法，不要找借口。

早做改变

纵观整个执教生涯，我的行事风格一向比较民主。某个球员称我为"平等主义者"。他这么说是有道理的，因为我的确不喜欢给谁特殊照顾，包括更多的上场时间。我尽可能地想要通过一种民主的方式将时间分配出去。

前几年的记录显示，在训练和许多场比赛里，我为了满足球员们的需要，会让每个人轮流上场。当然，5名首发选手的上场时间是最多的，但从第六名到第十二名球员——大约占球队总人数的60%——无论是在训练还是比赛中，我尝试让他们轮流上场，机会均等。当然，不可能做到像字面意义上的那种平等，但我会竭力让每个人拥有尽可能多的上场时间。

然而，回顾了这一切之后，我得出结论：尽管这一目标体现了民主，但实际上对球队是有损害的。在比赛中，如果我考虑第六或第七名球员的上场时间而把首发队员换下场坐板凳，球队的凝聚力和发挥质量就会降低。犯错的次数增加了，比赛进展得也不那么顺利。

从1962—1963年赛季开始，我的新规定主要是围绕7名核心球员展开的——实际上应该说，7名首发球员——无论是训练还是上场比赛。我摒弃了此前以一种民主的方式分配少量上场时间的目标。在如何开展行动方面，我改变了根本性的方针。

决定开始施行这一全新的计划时，我组织训练的方式也就相应发生了改变。我会先让5名首发球员上场，在他们完成指定数量的罚球之后，我会轮换"额外地"先发守卫和前锋球员。在5 vs 5的对抗中，我会使用这种轮换模式，大约占到总体训练时间的三分之一。被轮换的"先发"选手会暂时下场，等待他的替换选手投完指定数量的连续罚球，然后再次轮换，直到训练结束。

我并不是故意忽视第八到第十二名球员，相反，我要让他们清楚地了解自己在团体中的作用和他们的目标。更重要的是，我力求让他们明白，他们的角色非常重要，关系到整个球队的福祉。

某种程度上来说，他们的作用相当于首发阵容的磨刀石。但同时，当机会降临时，他们也需要做好准备去承担更重要的使命。当然，这个计划的有效执行取决于个体是否能够将团队的福祉放在首位——团队精神是否存在。

我全面回顾了我的笔记内容后，还发现了一个问题，那就是每当 UCLA 打入 NCAA 季后赛，我就会加大球队原本就已经很繁重的训练量，更大力地鞭策球员——非常严厉。季后赛开始时，他们都已经身心俱疲了。一旦在笔记中找到相关证据，我在季后赛开始前就会非常注意保存球员的体力和精力。

此外，据我的笔记显示，在备战 NCAA 季后赛期间，我会补充新的战术，连带着一大堆相关信息。较之把常规赛季的那一套东西做好——坚持某种清晰简练的战术——我无意识当中把事情弄复杂了。我决定日后在季后赛期间也要将战术精简化，就像我们在常规赛季所做的那样。

这些改变——以"首发七人"为中心，季后赛前不过度训练球员，精简战术——源自我在 1962 年赛季之后的个人观察和反省，那一年是决定性的一年，为 UCLA 带来了一座几乎是意想不到的总冠军奖杯。

上述改变的发生，究其原因，是我不再给自己找借口安于现状，停留在原地。但改变仅仅是一个开始。

寻找那些听从指示，但也会说"不"的人

我深信，优秀的领导力需要倾听——真正地去聆听——组织内部的声音。而做一个优秀的倾听者仅仅完成了等式的一半。领导者要敢于去聘用那些勇于发声、表达自己观点的人。即便你乐于去倾听，如果没人愿意进行实质性的谈话也毫无意义。

> "高效的领导者善于倾听。而当你开始讲话的时候，你很难听到别人在说什么。"

除此之外，你的下属要拥护你的整套哲学、系统或做事的方式。这也是我会寻找能够理解、相信和赞同我的快攻式篮球风格的助教的原因之一。例如，起初明尼苏达大学极力推荐戴夫·麦克米兰（Dave McMillan）做我的助教，但我拒绝了，部分原因是我想要找一个可以接受——赞同——我的整套系统的人（尽管我也乐于考虑在系统内做出改变）。麦克米兰教练的风格更加谨慎，更注重控球——和我的执教风格完全相反，我热衷于快速激烈的进攻式篮球。

我希望我的助教能够理解并接受我的理念——例如艾

迪·鲍威尔、加里·坎宁安、杰瑞·诺曼（Jerry Norman）和丹尼·克拉姆。他们都是非常优秀的分析师，敢于告诉我内心的想法。

这些人对我的执教风格都很熟悉，他们都是退役选手。艾迪·鲍威尔是印第安纳州中南本德高中的篮球队成员，后来在印第安纳州立师范学院，他成为我的助教。

他们的付出意义非凡，因为他们理解我整套的篮球理念，一路走来，他们还会不断找到方法对其进行完善。

善于倾听是领导力的一部分

继 1962 年 UCLA 杀入四强，我重新梳理了一遍自己的执教经历之后，再一次，一位助教的努力引发了一场变革，为 UCLA 接下来 13 个赛季的命运带来了积极的影响。

结束了路易斯维尔举办的季后赛，在回程的飞机上，助理教练杰瑞·诺曼开始向我们阐述在下个赛季进行全场防守——也就是所谓的"紧逼"战术——的可行性。这一战术体系意味着当对手在后场持球进入比赛的那一刻起，就开始对其实施密集型防守。（传统的防守体系要等待对手到达半场位置时才开始行动。实际上，这种防守模式允许对手在不受任何干扰的情况下持球前进近 40 英尺。）紧逼战术会在瞬间给对手造成压力，但这一战术需要优异的状态、运动能力，以及球员之间的合作和智慧。

他推荐的这种战术体系对我来说并不陌生。25 年前，我在中南本德高中执教时就采用过，后来在印第安纳州立师范学院也凭此战术取得了不错的成果。实际上，我担任 UCLA 主教练的第一天就迫切地想要采用这种战术体系，我也的确这么做了（或者尝试去这么做）。但是，常规赛季第一场比赛开始前我就放弃了。

紧逼战术很复杂，教授起来非常浪费时间。在印第安纳州立师范学院那会儿有效果，仅仅是因为球队的很多成员都是我之前在南本德高中执教过的。他们了解这一战术体系和我的执教风格。而在 UCLA，紧逼战术没能及时地顺利开展——也许是出于我自身在教学方面的缺陷，还有人民体育馆带来的各种负面影响。不管什么原因，我失去了耐性，所以放弃了。

回加州的航班上，诺曼教练提出了一个非常有信服力的依据，让我们可以重新尝试紧逼战术。他提醒我，两名新加入校队的球员在才智、运动能力和竞争意识方面都完美地满足了这种防守风格的要求——基斯·埃里克森和盖尔·古德里奇。我的助教确信，现在正是重新启用这一我 14 年前放弃了的战术体系的时候。

我非常仔细地聆听了他的建议，尽管此前别人也提到过，但我都无视了。这一次，因为我们差一点就战胜了辛辛那提，那场比赛让我的思绪前所未有地明晰起来，我同意了。

训练开始的 6 个月后，我开始指导紧逼战术。最终，这种战术成为 UCLA 篮球的标志，帮助我们夺得了冠军。如果杰瑞·诺曼按捺住自己的想法，那么我们就不会去采用紧逼战术。

同样，如果负责做最终决定的那个人拒绝以开放的心态去倾听，那么紧逼战术依旧无法成型。而那个人，就是我。①

到达另一个境界

1962—1963 年赛季，我们作出了上述改变，效果很明显。UCLA 在联盟的排名与其他球队并列第一，我们开始积极准备 NCAA 季后赛。由盖尔·古德里奇主导的紧逼战术已经就绪；"首发七人"体系也已经成型；赛前选手的身心状态维持良好，同时我也确保将一切尽可能地简化——备战季后赛期间不再去尝试新的战术和策略。

现在，是时候检验这些重要改变的效果了——所有这些改变都归功于我发现即使我们只能在人民体育馆训练，UCLA 依旧可以获得全美总冠军，归功于我为了寻找获胜的

①　我时常会想，如果我早点采用紧逼战术会发生什么，例如，1958—1959 年赛季那会儿，奥运金牌得主拉福·强森还是球队的一分子。他的才智、竞争意识和运动能力非常适合打紧逼战术。其实，我完全不需要想这么多，我知道自己已经等待了太久。

方法所做的努力。

　　几天后，NCAA 季后赛第一轮，UCLA 在犹他州的普洛佛对战亚利桑那州立大学。比分差距不小，93∶75。我们输了。尽管如此，我已经预见到 UCLA 篮球队的未来，我们会在 NCAA 季后赛上发挥出惊人的表现。这些改变很快就会引领棕熊队步入另一个层次。

　　尽管我们在季后赛输给了亚利桑那州立大学——那场比赛让后者大放异彩——但这并不能改变我的想法。1963 年常规赛季期间，我就有非常强烈的预感，等到 1964 年，UCLA 将会是 NCAA 全美总冠军的有力争夺者。我们做到了。一年后，1964 年 3 月 21 日，UCLA 击败了杜克大学，赢得了全美总冠军。

　　这一切都始于华特·哈泽德、弗雷德·斯劳特、比利·希克斯和他们的队友迫使我不再说"不"，而是开始问"如何去做？"凭借着这种全新的思维模式，我开始着手寻求重大的改变，将新的理念应用在球队身上。

　　UCLA 在 1964 年和 1965 年连续获得全美总冠军与这些改变是有着直接关系的。而那两次夺冠也为球队后来 8 次将冠军收入囊中创造了良好的条件：保利体育馆取代了人民体育馆；极具天赋的选手，例如小费德南迪·刘易斯·阿辛多尔（卡里姆·阿卜杜尔·贾巴尔）和其他选手开始加入队伍，最重要的是，UCLA 的篮球项目开启了豪强时代——所向披靡。

> **你周围的人一定要有能力改变你的想法**
>
> 　　我相信，你周围必须有一些人愿意去提出问题、表达想法，不断寻求组织的进步，而非仅仅是去讨老板欢心。在招聘和升职环节，把考查目标放在这些人身上。牢记：失败并不可怕，墨守成规不做改变反倒有可能带来严重的后果。

　　1962 年赛季发生的事改变了作为一名领导者的我——迫使我进一步去挖掘、寻找突破的方法，从而进行更高水平的竞争。某些改变源自我个人的反思和研究，但更重要的那些改变则要归功于他人的提议。

不断地去质疑、去探寻

　　丹尼·克拉姆，前篮球选手和助教，任路易斯维尔大学红雀队总教练期间曾两度带领球队斩获全美总冠军。他是一个爱问问题的人，提的问题比我遇见过的所有人的问题都要多。我们共事时，他总是会问我为什么会做这样那样的决定。

　　但丹尼提问的方式非常巧妙——既不会引起争议，也不会显得过于针锋相对——充满智慧。他总想知道我做事的逻辑，并且他个人也从未停止过探寻。他问的那些问题和他提出的那些建议，总是能够反映出其对比赛的独到见解和看法。得益于他不断的提问，我也成为一名更加优秀的教练和教师，因为他迫使我去更加努力地思考各项决定背后的逻辑点。

> Although it is a sign of weakness and uncertainty to be constantly changing, it is an equal fault to stand still and not progress with the game. You must be prepared to meet all emergencies and be able to make necessary changes when the occasion calls for them.

　　要想做到这一切，唯有你——作为一名领导者——乐于以开明和开放的态度去聆听。克拉姆教练给我留下的最深的印象就是：他提的问题都非常有深度。我相信就算他去担任主教练也会做得很好，我的想法没错。丹尼·克拉姆带领路易斯维尔大学红雀队 6 次杀入四强，两度斩获全美总冠军，同时他本人也被选入奈史密斯篮球名人纪念堂。

　　想想看，如果我故步自封，拒绝听取、评估丹尼·克拉姆、加里·坎宁安、杰瑞·诺曼和其他人的意见，我会否决多少事情。他们是我领导力团队的一部分，而每一位团队成员不单单要彼此通力合作，还必须懂得互相听取意见。

　　在我看来，一名高效的领导者——能够打造一个成功的组织的那种领导者——必须同时还是一名善听者。最富成效的领导者乐于不断地倾听和学习。也许在他们看来，想要获取成功，更多的是要问"该怎么做？"而不是直接说"不"。

领导规则

成功引发自满，而自满招致失败。

　　领导者必须设定实际的目标，而一旦目标实现了，不要自满。不要沉迷于眼前的成功，这样一来，你和你的组织才能够百尺竿头，更进一步。而沉迷于眼前的成功的一个特征就是自满。满足于过往的成就、安于现状，很快就会导致组织脱轨。无论在体育领域还是商业领域，独占鳌头都是非常难的。能稳坐头把交椅的实属凤毛麟角，究其原因之一，就是容易自满。

找出那些阻碍你更进一步的借口，消除它们。

仅当我意识到是我自己——而非人民体育馆——拖了球队的后腿时，我才能够去加强各方面的努力。什么才是你的"人民体育馆？"

停止说"不"，开始问"该怎么做？"

假定进步是可持续的，强迫自己——和其他人——去寻找途径。认为已经得到了全部答案的领导者不再会问问题了。即便你已经问了一千次"我该如何带领团队进步？"请再多问一遍。

相左的观点是可以接受的，但道不同的人就算了。

下属的新想法和新观点对于建立和维持组织的竞争优势至关重要。欢迎那些敢于发声、敢于提出不同观点和选择的人，但要警惕他们在这一过程中是否踩过线，是否有谁挑战了你的整套理念或领导权威。寻找那些坚定的领导者，例如克拉姆教练、鲍威尔教练、诺曼教练和坎宁安教练，他们知晓如何展开激烈的意见和观点碰撞与交流，同时又不会引发内部分裂和对领导权威的挑战。

关于伍登

加里·坎宁安：1960—1962 年，UCLA 校队成员；1966—1975 年，助理教练；曾 6 次获得全美总冠军。

乐于改变

原则上，伍登教练极力反对 3-2 联防战术——一种半场防御战术体系。然而，我和丹尼·克拉姆，作为助教，却认为它非常适合棕熊队。我们建议他改变战术。

要记得，那会儿伍登教练带领的球队已经在 6 年里拿了 5 座全美总冠军奖杯，他本可以轻飘飘地告诉我们说："东西如果没坏的话，就不要去修理它。"但教练一直愿意去倾听，去评估新的想法，去寻找球队进步的方式。他从来不会满足——从来不会。

尽管 UCLA 在赛季中已经取得了 20 场连胜，但丹尼和我还是说服了他，在俄勒冈州举办的系列比赛中采用 3-2 联防战术。

第一场比赛，UCLA 以 75：58 的比分战胜了俄勒冈大学，但第二晚，同样是采用了 3-2 联防战术，俄勒冈大学以 78：65 的比分击败了我们。显然，这一新的战术体系并非我们预想中的那么有效。

从那以后，我们再也没有提过 3-2 联防。

但伍登教练确实听了进去，还给了这个战术——给了我们——一次机会。他并不惧怕改变。而如果这种改变不起作用，也没有人会互相指责。这一页就算翻过去了，他不会让我们觉得是我们给他带错了路。

他并不想身边尽是些唯命是从的人。他鼓励我们据理力争，因为他也会用自己的观点来与我们辩论。他会用这种方式检验我们有多坚持自己的想法，以及我们到底对自己提出的观点了解多少。

例如，晨会我们会就前旋——怎么前旋才是最佳的方式——辩论45分钟。而他一直都会以一种开明的态度来倾听，他允许我们提出观点，并坚持自己的观点。开会的时候，我们不是光坐着记笔记，他希望我们之间能有交流和互动，我们也没有令他失望。当然，他也会教导我们留意细节——那些小事——教导细节的重要性，好比正确地前旋。

对细节的格外关注是他拥有强大力量，即组织领导力的秘诀之一。我们在做训练计划时要精确到每一分钟。

他要求我们在比赛前给球队训话，暂停期间助理教练要召集球员做指示。他非常包容，既给我们树立了权威，也给予了我们尊重。

如果我们搞砸了什么事，他从不会当着球员的面批评我们，他也从不允许球员挑战我们的权威。他坚持让球员称呼我们为坎宁安教练、克拉姆教练，而不是那些非正式的昵称，例如加里或丹尼。

更衣室的训话没有大吼大叫，没有谁会猛地敲打墙壁。大家的注意力都非常集中，全情投入，通常在结尾时他会说："现在你们可以上场了，发挥出你们最好的水平，当你们再回到这儿的时候，就可以昂首挺胸。告诉我你们能做到这一点。"

他的执教方式非常高效，也非常简练——把内容分成几部分，分别教授，然后再把它们结合在一起。他信奉学习定律：解释、示范、模仿和重复，非常多的重复，你都无法想象。

伍登教练从不做冗长的讨论。他的风格简洁、清晰、言之有物。我刚开始担任他的助教时，在训练中一旦说话超过 10 秒钟，他就会说，"快点，我们开始。快点。"没有任何冒犯的意思，那是一种强烈的紧迫感。

后来，我学会如何用精简的语言把事情说明白。一个字都不能浪费，因为在他看来，每一分钟都至关重要。

他个人的行事作风体现了成功金字塔所包含的特质。直到后来我才意识到，他一直都在通过自己的言行教授成功金字塔。

团队合作非常重要。他一直在讲，我们不需要具体去讨论是哪个人的功劳。如果球队上下通力协作，每个球员各司其职，结果就不会让我们失望。功劳属于我们每一个人。

他时刻都做好了准备，并要求我们每一个人都做好准备。如果你没有准备好，别人看得出来。棕熊队时刻准备着。

伍登教练是一位具有强烈竞争意识的人，他喜欢赢。然而他对结果——无论输赢——一视同仁。他不想我们对胜利表现得太过兴奋，即便是获得全美总冠军。

同时，他还是个纪律严明的人，但在惩戒他人时会把握好度。"我的天哪！"——会这么说的话就代表他真的非常生气了。他善于分析别人的性格特点，A 球员或许需要一个解释，B 球员可能得推上一把。他知道每个人都需要从他那里学到东西，他会教给他们。

西德尼·威克斯就是个很好的例子。西德尼热衷于训练，所以西德尼最怕他说："西德尼，你今天的表现很差。去冲澡吧。"没有大喊大叫和歇斯底里。就这么简单，"去冲澡吧。"

他把一切都变得非常简单，但你需要全情投入。注意，是全情投入，而非情绪化。

第十四章
不要关注记分板

> "自助者天助。"

在有些人看来，我做教练时的某些习惯可能有点儿"怪异"。例如，我会把对比赛结果的预测写在一张纸条上，然后把它塞进信封里，密封好，放在办公室。直到棕熊队结束常规赛季的全部比赛之后，我才会把预测的结果给他们看，但也仅仅是给他们其中的一部分人看。

每年训练开始前的几周，我就会着手研究本赛季的日程安排，评估不同的队伍、球员、教练、历史成绩、裁判，并确认比赛的日期、地点和具体时间段。接下来，我会拿出我的黄色铅笔，根据这些信息对本赛季棕熊队将要面临的情况做一系列预测，例如，在哪些比赛中，我们会领先对手；而在哪些比赛中，我们会被击败。

随后我会把预测结果塞进信封里，密封好，放到一边，直到常规赛季结束。大部分时候，我的预测结果和 UCLA 最终的输赢结果非常接近，不过偶尔我也会猜错一两场比赛。

1959 年，所有的专业人士都认为 UCLA 会输——理由非常充分——但我却不这么认为。我写下的预测结果是 14 胜

12 负。事实证明，我的预测相当精准。

然而，对于 UCLA 所取得的四个全胜赛季，我仅仅预测到了 1973 年那次。其他三个赛季，我都认为棕熊队会输给某支球队，理由有很多（例如，在圣母大学对战爱尔兰战士队就是个很好的输球理由）。

但那三次，我都预测错了。我以为我们会输掉的比赛，结果都赢了。

这种小小的"仪式"并非用于自我激励或确立什么目标方针，例如，打哪支球队更容易，哪个对手我们需要格外重视。我的基本原则是，尊重每一位对手，全方位地做好准备，无论他们连胜战绩辉煌还是从未赢过一场球。尊重所有人，但不要惧怕任何人；专心致志于进步，将球队的战术体系发挥出最大的效果。这是我一贯的做法。

因而，我从不侦察别的球队。我相信棕熊队更加优秀，让其他人来适应我们好了。我坚信，比起每周根据对手的情况尝试改变战术，尽可能发挥出球队战术体系的最佳效果才会让我们变得更加强大。（偶尔也有例外情况发生，但非常少。）

不要去想以后的事，看好球

在每个赛季初做预测很大程度上是出于自娱自乐的目的。有些人喜欢玩填字游戏，而我喜欢预测一个赛季的比赛结果。和填字游戏一样，一旦我完成了预测就会把结果锁起来。

极少数情况下，我锁在抽屉里的某些预测结果会让我担忧于比赛结束的哨声响起时记分板的情形——我们是否击败了对手。

我希望球员同我一样，忘掉记分板、排名和未来可能发生的事情，专心致志于手头的工作，全力以赴，无论是在训练中还是在比赛里。

Success is not a destination, it is a journey.

优秀的领导者决定了团队关注的核心问题，他们要考虑和致力于要做的事情。而这一切的前提在于，你，作为一名领导者，关注的问题是什么。

记分板？冠军头衔？销售指标？盈亏线？作为目标、预测、期望或梦想的话，把它们密封好，锁起来，没有问题。但如果你每天所关注的就是这些东西的话，你就是在浪费时间，将原本应放在当下的注意力和努力挥霍给了不确定的未来。前者是你可以控制的，而后者则不然。

> "如果你想继续连胜——忘掉连胜这件事。如果你想打破一直失利的魔咒——忘掉总是输这件事。什么都不要想，专心致志于努力和明智的规划。"

一个组织——一个团队——如果总是抬头看记分板的话，

竞争对手就会直接从其身下把球断走。你必须让眼睛一直盯着球，不要抬头去看记分板，也不要去想长远之后的事情。但这并不总是那么容易做到的。

如何不连赢94场比赛

《洛杉矶时报》的一名体育记者一度在某篇关于棕熊队的文章里推测道，如果棕熊队在本赛季再赢两场比赛，然后下两个赛季均拿下 30 场完胜战绩，UCLA 的连胜纪录将会达到 94 场，超过由比尔·拉塞尔和 K.C. 琼斯带领的旧金山大学球队于 1954—1955—1956 年赛季取得的 60 场连胜纪录。

通过这篇文章，你可以看出大众对棕熊队的期待显然已经失控了：权威人士预测了一个又一个完美赛季——他们一下子看到了好几年之后——而这些预言充斥着全美各大媒体。

在这种大环境下，我面临的最严峻的任务就是如何专心致志于我的工作，指导球队每天都获得一点儿进步，忘记那些记分板、预测和他人的设想。这很难，但更大的挑战在于让球员们也做到这一切——无视掉那些有可能会在赛季期间分散球队注意力的外部"噪声"。

现实教会我：一旦你开始想连赢的事情——抬头看记分板，开始展望未来——你就一定没机会连赢 94 场（甚至连赢两场也很困难）。

想想百老汇

每个赛季初，我个人的愿望——我的目标——是拿下 UCLA 所在联盟的冠军，也就是今天所称的太平洋十校联盟，包括斯坦福大学、南加州大学、华盛顿大学和俄勒冈大学。

即便是在棕熊队卫冕冠军的那些年，我的目标也绝非再一次夺得全美总冠军，而仅仅是保住我们联盟第一的位置。在我看来，这是非常务实的做法。那会儿，只有各联盟的冠军才有资格参加 NCAA 季后赛——疯狂 3 月。

尽管拿下联盟冠军是一项非常艰巨的任务，但常规赛季的比赛可以事先为我提供非常多的信息。具体来说，包括日程、比赛对手、教练、场馆，甚至是裁判。我知道球队的比赛时间和比赛地点。整一套流程我已经非常熟悉了。

而 NCAA 季后赛的情形则完全不同。常规赛季结束前我对对手一无所知。因而，与其琢磨这件事——为此担忧——我还不如直接把它从头脑里抹掉。

思想准备层面上，我会将工作重点从长期目标——联盟冠军——转向短期目标，把握好每一次训练。为了实现这一目标，我会借鉴自己担任高中英语教师时的经验，将整一个篮球赛季比作一场戏剧表演，比如说一个莎士比亚的故事。休赛期是为了评估有潜力的球员，与他们交谈，就好比为一场舞台剧物色合适的演职人员。而戏剧演员在节

目单上通常被称为"演职人员"（the players），其英文说法
与球员是一样的。

　　每年 10 月 15 日，训练开启，这就好比是《奥赛罗》或
《李尔王》的角色试镜。和其他导演一样，我需要确认谁该演
哪一部分，谁是主要角色的后备演员。篮球训练就如同在剧
院里进行的彩排，选手们各司其职扮演最适合其的角色。

　　早期的比赛、季前赛和非联盟赛事，相当于不在百老汇
进行的正式彩排，我们会借此评估这批演员的角色分配是否
合适，表演方面还需要哪些调整——谁更懂得团队合作，谁
又不考虑他人只顾着抢镜头，哪些人可以呈现出最精彩的舞
台效果。对于导演、主教练和领导者来说，关键任务在于找
出最佳的组合。

　　我经常提醒自己，最好的演员未必能够呈现出最棒的舞
台效果，5 名最优秀的运动员也未必会组成最强的队伍。演
出要想取得成功，每个人都必须通力合作。换句话说，"演职
人员"之间的良好互动与个人的天赋同等重要。

　　"演出"将在每年 1 月开幕，太平洋十校联盟赛常规赛季
正式开启。届时，所有的试镜、角色分配和非百老汇上演的
正式彩排也都已经完成。

> Strive to accomplish the very best that you are capable of. Nothing less than your best will suffice. You may fool others, but you can never fool yourself. Self-satisfaction will come from the knowledge that you left no stone unturned in an effort to accomplish everything possible under the circumstances.

想要安可①的话，从每一天的排练做起

我对球队解释说，这是一个循序渐进的过程，而在这一过程中，我们必须把注意力集中在如何展现一出最精彩的剧目，为此，就要特别重视每一天的彩排，也就是我们的训练环节。作为导演，我会指导他们在彩排中如何发挥出最好的水平。我们为之努力的，也正是在力所能及的范围内演出最优秀的作品。

观众会鼓掌吗？会起立致敬或好评如潮吗？我告诉球队这不是我们能够控制的事——我们能做到的唯有尽全力发挥。如果我们做到了这一点，我们的努力就值得一个安可。

篮球比赛的安可无疑就是 NCAA 季后赛——疯狂 3 月。我提醒球员们，抓住这一安可机会的最佳途径就是从现在，从今天起，努力训练。"去吧，好好训练，伙计们。"我会这么说。之后我会吹响哨子，开始训练。

> *You can do nothing about yesterday, and the only way to improve tomorrow is by what you do right now.*

专心致志于"彩排"

好比技艺娴熟的导演或体育教练，经理人员也需要确

---

① 演出结束后大家会一起喊"Encore, Encore"，意思是观众要求演员或乐队返场再演或再唱。——译者注

保他 / 她的团队随时为"演出"做好准备。在商业领域，每天都是一个演出日，因而每个人都必须做好准备。这意味着，要有足够的时间去安排训练、进行头脑风暴、交流想法等，力求打造一支准备充分的"演职人员"队伍。

忘记安可，忘记百老汇，忘记正式彩排，无视旁人的评价，不要去期待观众起立鼓掌致敬。忘记胜利，回过头继续努力——从现在起，从这一分钟起。我们就是这么做的。

作为球队的领导者，我的工作就是要带领他们实现一系列的目标，为他们描绘出未来的图景，无论是球队的排名，还是他们想要在比赛结束时看到的记分板上的数字。

我们所拥有的仅仅是从现在起就做好准备的机会。一味地想要窥视未来，你会连现在的机会也要丧失。而假如真的有什么需要窥探的东西，我会为了球队去做。但任何有关未来的东西一定要严格控制，把它们密封进信封里，放到一边。

唯有每个人各司其职，才有可能获得成功。实现梦想的最佳途径就是无视梦想。实现长远目标的最佳方式就是把长远目标塞进信封里。我优先考虑的从来都不是长远目标，而是非常短期的目标：帮助球队在当下的训练中取得进步。

这一目标永远不会被我装进信封束之高阁。不需要抬头看记分板，你只需要紧紧盯着球。这也是我从不同球员谈论赢下比赛的原因之一。当你开始满脑袋想着赢得比赛的时候，你就会停下手中的工作。

领导规则

明确团队目标，然后将其归档。

作为领导者，最具挑战性的任务就是保证自己和你的团队不因未来的挑战、机遇、奖励和结果而分心。每周我给球队做点评时很少会谈论即将面对的对手，也不太会提及排名或打进季后赛的可能性这种事。它们属于未来。而进步则要从现在开始。

尊重每一位竞争对手。

尽管我鲜少会根据对手的情况调整球队的训练或比赛计划，但我要求球员尊重对手。我从不以想当然的态度来对待任何一场比赛或任何一个对手。在商业领域情况亦然。尊重所有人，不惧怕任何人。这很难做到。当你身处下方抬头看时，自然会感到畏惧。而当你站在上方向下俯视时——在竞争中处于领先地位——最容易忘记的就是要去尊重所有人。

长远的成功需要眼前的专心致志。

这点直指"不要看记分板"这一要求的核心，也是我领导力方法论的关键。专心致志于进步，从现在做起。不是明天，不是下周。我们今天就开始。

关于伍登

戴维·迈耶斯：1973—1975 年，UCLA 校队成员；曾两次获得全美总冠军。

赢？赢？赢？不，不，不。

我 26 岁退役，彼时我已经从洛杉矶湖人队被交易到密尔沃基雄鹿队。在雄鹿队训练的第一天，我想我大概听到了不下 150 句脏话——和伍登教练的风格真的不太一样。当然还有其他不一样的地方，而这仅仅是最微不足道的一点。

作为职业选手来说，显而易见，赢得比赛才是第一位的，其他的都不重要。如果你的投篮没有中，又或者犯了什么错，那感觉简直糟透了，因为所有人都盯着记分板。赢才有意义，大家讨论的无外乎是"我们必须赢下这一场""那场比赛我们本来可以赢的"，抑或"下场比赛我们要怎么打赢？"赢，赢，赢。

伍登教练从来不谈论赢得比赛这种事。他希望我们在每一场比赛中都尽全力发挥。"那就是目标，"他会这样告诉我们，"如果你能做到，你就应该为自己骄傲。如果你们都能做到，我们的球队将所向披靡。"他会这样教导我们，他始终如此相信着，并且，他让我也相信这一切。

他从不言及赢下比赛——只注重努力，做好准备，去做那些能够让我们在训练和比赛中发挥出最好水平的事情。尽人事，听天命。

我大四时在球队担任前锋，没有哪个专业人士看好我们。

因为沃顿天团——比尔·沃顿、基斯·威尔克斯和其他人——在两度斩获全美总冠军，取得88场连胜（后来我们输给了圣母大学）后纷纷毕业，1974—1975年赛季，球队曾经的首发阵容只剩下了我。

教练和我们一同努力——基本功、训练、团队合作、自我牺牲。努力打球，不要灰心，等待属于自己的机会，力求每天都进步一点点。不要担心比分。他从不提及要赢下比赛。那一年，我们拿下了全美总冠军。

那时我并没有全然发现，他的言行基本上体现了成功金字塔的特质——努力工作、精力充沛、热忱、自控等。那就是他。他对球员言传身教。

实际上，我偶尔会认为他是一名教授。当我还在加州索诺拉上高中时，我同他有过一次会面，我记得他的办公室里堆满了书、大事记、纸张、奖状和证书，很多东西。看上去就像是一位英语教授的办公室。

墙上挂着他自己教练的画像——普渡的兰伯特教练（绰号"小猪"）、马丁斯维尔高中的格伦·柯蒂斯教练以及他在森特顿念小学时的教练厄尔·瓦里纳。旁边是一幅巨大的成功金字塔画报。

训练开始前，当我们正往球场上走的时候，他总是会站在那里，问起我们的事，"你母亲最近好吗，戴维？有给她打电话吗？""感冒好了吗，吉姆？""数学课怎么样？"他了解我们每一个人。你能感受到他的关心。你也能感受到他真正懂得怎么去教别人——就像一位教授。

如果说某种程度上他算是一名教授的话，那么他教授的内容就是如何去赢。他的确带领我们赢下了比赛，而这一过程中他甚至从未言及过要去赢。

第十五章
逆境是你的财富

"机会只留给有准备的人。"

第二次世界大战期间，就在我准备登上美国富兰克林号航空母舰离开时，我得了急性阑尾炎，被紧急送往爱荷华市的医院做手术。手术后我醒来时，富兰克林号已经出发了。代替我上船的是弗雷迪·斯达尔卡普（Freddie Stalcup），我的朋友，同一个兄弟会的成员，普渡大学前美式足球选手。

几周后，前方传来消息，富兰克林号在南太平洋某处巡逻时，遭遇日本自杀式飞机小队的毁灭性打击。弗雷迪的战位——如果命运没有把我送去医院的话，那就会是我的岗位——被自杀式飞机撞个正着。弗雷迪当场丧命。

类似的悲剧会引发你的思考。出于未知的缘由，命运对我微笑，却带走了我朋友的生命。伴随着失去，我们清楚地意识到，世事无常。而正因为我们无法掌控命运，我们才必须竭尽所能地去掌控我们对命运所作出的回应。

这很重要，因为命运对我们的人生和领导力生涯影响深远。那些我们没有办法预料、理解以及不期待发生的情形可能会毫无预兆地降临；随机事件会突然发生。据我的经验来看，这不是什么例外情形，这就是常态。

你或许会发觉，当意外之财落到你门口时，我们往往会不经思考地接受，连最基本的脱帽致敬都免了。而遭遇困难时，我们则会很快得出结论说，是命运对我们不公——找借口停下脚步，丧失信心，然后放弃。

乔治·莫里亚蒂是这么形容的：

> 有时候，我想命运一定会发笑，
>
> 当我们谴责命运，并坚称，
>
> 我们之所以没能够取得胜利的唯一原因，
>
> 就是因为命运让我们错过。

但其实并不是命运让我们"错过"，而是因为在面对不幸时，领导者高喊着"我太倒霉了！"丧失了不屈不挠的精神。不要让"我太倒霉了"变成你的"主旋律"，那是弱者的"最强音"。

莎士比亚精彩地表达了这一切：哈姆雷特在面对由杀父仇人一手安排的死亡击剑比赛前夕，他的朋友霍雷肖（Horatio）试图找个理由帮助他逃跑、躲藏或直接放弃。哈姆雷特拒绝了。他相信事出必有因，他告诉霍雷肖："一只麻雀的生死都是命运预先注定的。"哈姆雷特在一切事件中都察觉到了神圣的指引和关照——并决心凭借勇气和能力去面对自己的命运。

> "命运会带给你什么，你可能没有办法去控制，但你可以决定如何去反馈和应对这一切。至少，你应该要做到。"

这也是我所信奉的。我所接受的教育告诉我，要充分利用命运——天意——带给你的一切。这一理念对我大有助益，特别是在领导他人方面。

When the going gets tough, the tough get going. Don't beg, cry, alibi, sulk, or lose your self-control; but do maintain poise, condition, alertness, confidence, industriousness, enthusiasm, fight, and desire.

父亲对命运的回应是我的榜样

因为使用了受污染的猪疫苗，农畜全部都死了，我的父亲约书亚因此失去了他的农场，但他并没有责怪命运或卖给他血清的商人。尽管这个不幸对父亲的打击非常大，但他依旧表现得坚定、乐观、从不抱怨。

哪怕再不舍，父亲最终还是离开了他热爱的那片土地，搬去了马丁斯维尔。为了维持家用，他在一家疗养院找了份工作养家。我从未听他对自己所遭遇的不幸表达过愤怒、苦涩或悲伤。他也没有嫉妒那些被命运眷顾的人，从不和他们做比较。父亲接受了生活带给他的一切，并尽可能地充分利用它们。我深受影响。

当事情因为不可抗力而变糟时，我们很容易首先归结于命运的不公，然后将命运作为失败的借口。高效的领导者可以抵挡住这种诱惑——一个简单的借口——不会因为倒霉这种理由而灰心丧气,觉得梦想幻灭,甚至认为自己是个失败者。

逆境让我们变得更加强大、更加聪明、更加优秀,也更加坚强。而将你的麻烦归结为运气不好只会让你变软弱。在竞争的大环境下,许多有价值的东西往往都蕴藏于逆境当中。优秀的领导者深知这一点,他们可以看到下面这节小诗里揭示的真相:

> 回过头去看,
> 所有那些加诸我身上的悲伤,
> 等到痛苦都结束后,
> 让我更加坚强。
> ——佚名

尽管我们无法控制那些令人不喜的波折,但应对波折却是领导力的一部分。面对困境时,我会从父亲的榜样和建议中汲取力量:你仅需考虑那些你能够掌控的事情。我们无法掌控命运,我们所能掌控的只有自己的反应。

打好你手里的牌

1946 年,我在印第安纳州立师范学院的大学教练生涯刚开启不久,命运便同我开了一个最残忍的玩笑——既不是第一次，也不是最后一次。第二个赛季期间，我陆续接到ULCA 和明尼苏达大学的电话，邀请我去担任教练。

那时，UCLA 在我看来只是字母表里的四个字母，没有任何意义。而明尼苏达大学代表的却完全是另一幅图景，毕竟它是十大联盟成员之一。

抛开对于十大联盟的忠诚——因为我曾在普渡大学打篮球，还有一个更加实际的原因：我在本地认识很多高中教练——当然他们也认识我。他们全部——有好几百人——都可能是潜在的竞争对手。一个优秀的篮球项目想要生存和发展，教练的人选至关重要。此外，对于教练本身而言，这份工作也可以称得上是一个无价之宝。而我迫切地想要得到这份宝藏。

当然，还有家庭的问题。内莉和孩子们都不想搬离印第安纳州太远，实际上我也一样。我们热爱中西部的一切，包括冬日的天气。出于众多原因，我对在双子城担任明尼苏达金色地鼠队的主教练志在必得。

而我去 UCLA 拜访则完全是出于一位前普渡大学队友的邀请，道持·费林（ Dutch Fehring ）是 UCLA 美式足球队的教练。他和一位本地评论员鲍勃·凯利（ Bob Kelly ）一同向选拔委员会推荐了我，而后才有了我的 UCLA 之行。但那一趟拜访并没有给我留下太深的印象。

等我结束行程从西部回到印第安纳州的时候，我告诉内莉，"我们去明尼苏达。"但我话说得太早了。命运还未吐露它的结语。

金色地鼠队的官方人员和我在其他合约条款上都达成了一致，只有一点：他们希望前主教练戴夫·麦克米兰——也就是我将要取代的那位教练——能够作为我的助手继续留在球队。我不是很赞成这件事，因为这对我们两个来说都不公平，我们都有各自的做事方式。我可不想总是被某个前主教练指手画脚，尤其对方的执教和打球理念与我完全不同。

经过几周来来回回的通话，明尼苏达大学方面告诉我他们会在周六做最终决定，晚上 6 点钟会打电话通知我结果。与此同时，我也打电话告知 UCLA 的联络人我极有可能会拒绝他们的邀请，因为我希望明尼苏达大学方面同意我的要求，允许我自己指派助理教练。而如果事情进展得不那么顺利的话——虽然可能性很低——我告诉 UCLA 我就会出任棕熊队的主教练。虽然我并没有提及我有多么不情愿这种情形发生。

周六晚上，我和内莉坐在泰瑞豪特房子的客厅里等待一通来自明尼苏达大学的电话。但电话没有来——6 点钟没有来，6 点半也没有。我们开始着急起来，直到 7 点钟，电话终于响了。我们如释重负，迫切地想要听到邀请我们去明尼苏达大学的消息。

不幸的是，电话是从加州打来的。电话那头的声音属于 UCLA 体育部主任威尔伯·约翰（Wilbur Johns）："伍登教练，做决定了吗？"

尽管很难说出口，但我还是回答道："明尼苏达大学没来电话，威尔伯。我猜他们不肯就我的提议让步。我会去UCLA。"

而我不知道的是，明尼苏达大学其实让步了，经过相当长时间的讨论，他们同意让我自己挑选助理教练，戴夫·麦克米兰也会在体育部下属其他部门得到一份工作。

然而，当球队官方人员6点钟想要给我打电话，通知我去接任金色地鼠队主教练这一好消息时，他们的电话线路出了问题。

一场反季节暴风雪摧毁了双子城的整个电话服务系统。等到系统恢复，明尼苏达大学终于可以与我取得联络时，时间已经到了7点半左右，一切都太迟了。命运已经降临了。我已经告诉UCLA我会出任棕熊队的主教练。

尽管我多么希望和威尔伯·约翰的对话没有发生过，但说出去的话终归覆水难收。如果你说话不算数，那么你这个人也是靠不住的。我还记得父亲的"两个三不"："永远不要说谎，不要欺骗，不要偷窃；不要无病呻吟，不要抱怨，不要找借口。"

父亲是我的榜样，我愿意去遵从他的建议。尽管那晚，一场宿命般的暴风雪将我带去了我根本不想去的地方——加州。我很清楚在类似的情形下父亲会怎么做。当他失去自己的农场时，他接受了命运，并和命运结成了朋友。

> **一言九鼎**
>
> 言出必行。不要轻易许诺，除非你说到做到。领导者的承诺应是可信的。而信赖对于领导力来说意味着一切。

作为领导者，即便你完全不喜欢手里的牌，也必须把它们打好——哪怕命运并不眷顾你。周六晚上那几通电话结束后没几个月，伍登一家就搬到了加州，而我也作为 UCLA 棕熊队的主教练开启了球队的训练。但命运并没有就此放过我，这一次它介入的方式充满了讽刺意味——物极必反。

尽力而为

当观看 UCLA 比赛的人潮挤满了人民体育馆三楼狭窄的空间，消防队长强制我们收拾细软去其他地方打主场比赛，我们辗转于威尼斯高中（Venice High School）、长滩市礼堂（Long Beach Municipal Auditorium）、长滩市大学（Long Beach City College）、泛太平洋礼堂（Pan Pacific Auditorium）、圣塔莫妮卡大学（Santa Monica City College）等，甚至在距离洛杉矶北部 100 英里之外的贝克斯菲尔德专科学校（Bakersfield Junior College）打过主场比赛。

很多年来，我们都没有属于自己的主场比赛场地，当然也就不会有什么所谓的主场优势。我尝试将这些不利因素转化为有利因素，顶着命运——消防队长——加诸给我的一切现实尽全力做到最好。

我告诉球员们，"这样一来，当你们在客场打比赛的时候就会变得更加强大，因为我们已经适应了旅行带来的各种耗神和干扰。"事实的确如此。球员们与命运结成了朋友。（我刚到 UCLA 那会儿，他们让我放心，说小型的人民体育馆很快就被更加合适的新设施所取代。而我一等就是 17 年。）

后来，不幸再次降临在球队身上，1965—1966 年，作为卫冕冠军，棕熊队开始了常规训练。鉴于众多有经验的天赋型选手回归，我本以为当年球队会变得更加强大，比 7 个月前斩获 NCAA 全美总冠军的那支队伍还要强大。然而，哪怕天才和经验可以结成一个无敌组合，也依旧对抗不过命运。

几乎是从赛季初开始，伤病就开始在球队里蔓延。物是人非仿佛只发生在一夜之间：埃德加·莱西伤了膝盖骨；弗莱迪·高斯（Freddie Goss）因为某种莫名的类感冒症状倒下；肯尼·华盛顿拉伤了腹股沟肌肉——他后来一直没能完全恢复。仅数周时间，命运招致的不幸轮番上演，比前两年加起来的总和还要多。

我们不但没能保住总冠军的头衔，甚至连联盟第一也没拿到（10 胜 4 负）。不利因素太多了，全部超出了掌控。但即便如此，你还是要在现有基础上尽力而为。我会提醒自己，毕竟前两个赛季中，命运已经向我们微笑过了。

命运夺走了一把利刃

1967 年，官方明令禁止灌篮，显然是为了遏制选手挂在篮筐边缘的动作，偶尔他们还会弄坏篮板。但这对小费德南迪·刘易斯·阿辛多尔来说却不是什么好消息，相当于是剥夺了刘易斯最为强力的进攻武器之一。实在是令人扼腕。

出于某些原因，灌篮之类的动作实际上已经成为一种炫技的方式，我支持取缔灌篮，但刘易斯认为这一禁令或许就是针对他本人实施的。我告诉他："刘易斯，这会令你成为一名更加优秀的选手，你可以趁此机会去磨炼其他技术。另外，不用担心，等你进 NBA 打球之后，你不会忘记怎么灌篮的。"我说对了。

他后来磨炼出的技巧堪比 NBA 史上最惊艳的进攻武器：卡里姆的天勾。他将劣势转化为优势，将不利因素变为有利因素。（就在刘易斯和比尔·沃顿离开大学篮球界不久后，官方又允许灌篮了。）

属于你的，与众不同的"天命"

我之所以提及这些挫折和障碍，并非想要彰显比起其他人，我所面临的挑战更艰巨，次数更多，命运对我更不公平。事实上，刚好相反。任何大背景下的领导力都需要面对这些困境。天将降大任于斯人也，必先苦其心志，劳其筋骨，饿其体肤。

出于我个人的信念、父母的以身作则，抑或是这一路走来的亲身经历，我很早就明白一个道理，事出必有因，尽管那个原因可能暂时并不明显。就如同我说不上来是出于什么原因，但我还是开始接受命运送到我面前的一切，并努力做到最好——保持乐观的态度和坚定的信念，奋勇向前；打好手中的牌，无论牌面好坏。

失去了我梦寐以求的明尼苏达大学主教练的工作，为了UCLA的主场比赛被迫在路上奔波许多年，长久地等待一座合格的体育馆，眼睁睁地看着一支有能力斩获全美总冠军的队伍被伤病摧毁——所有这些挫折和困难实际上就是教练和领导者每天都要面对的东西。我们勇敢面对命运，终究会有回报的。

在竞争中占据优势地位的那些人会直面命运，欢迎它的到来，然后继续前行，没有抱怨、借口，不会发牢骚。尽管我们无法掌控命运，至少我们可以——或应该——有能力去决定如何应对。就领导力范畴而言，你的选择至关重要，因为最终你的选择将会成为你的组织的选择。

当你找借口放任自流或者干脆放弃时，你的团队也会这样做。而无论处于何种情形，如果你满怀热忱砥砺前行，你的组织——如果你选择了一群优秀的人并很好地教导了他们——会追随你继续战斗。放弃还是战斗？领导者才是为组织下决定的那个人。

"You are not a failure, until you start blaming someone else for your weaknesses and mistakes"

作为一名教练和领导者，我试图避免让那些我无力掌控的事情影响我能够掌控的东西。90多年过去了，我依然未能掌控命运。我确信你也做不到。

做万全的准备，教导你的团队也这样去做。不要被命运击垮，相信只要你不自怨自艾，逆境只会令你和你的团队更加强大。冠军和失败者的重要区别之一就在于两者是如何应对厄运、挫折和变化无常的竞争环境的。保持务实和乐观的精神，提醒自己：机会只留给有准备的人。

领导规则

居安思危。

在很多时候，领导者和组织都会以不同的方式遭受厄运和不幸的打击。优秀的领导者能够看清这一点，因而即便厄运和不幸降临时，他们也鲜少会停下脚步。他们能够发觉这当中蕴藏的机遇，换句话说，你的选择（直面命运）会令你和你的组织从竞争中脱颖而出，而那些被命运打击到目瞪口呆的领导者随即便会灰心丧气。不要惧怕坎坷和难关，它们让你更加强大。

"我太倒霉了" 不应该是你的战歌。

领导者不应过分沉溺于自怨自艾。精准的自我评估和团队评估与成功紧密相关，而如果你在哀怨自身、谴责不幸当中越陷越深，你是做不到这一点的。竭尽所能，打好手里的牌。华特·迪士尼（Walt Disney）曾说："逆境就是最好的教育。"但是，想要接受这一教育，你必须足够坚强到战胜逆境，不能让逆境把你打垮。

不要将失败归咎于命运。

你可以失足摔倒或者失误犯错，但一旦你开始将结果归咎于他人，归咎于命运，你就是个彻头彻尾的失败者了。永远坚信一点：塞翁失马，焉知非福。事出必有因，哪怕你暂时还无法辨别出那个原因。记住，"一只麻雀的生死都是命运预先注定的。"

关于伍登

肯·华盛顿（Ken Washington）：1964—1966 年，UCLA 校队成员；曾两次获得全美总冠军。

造化弄人

我从伍登教练那里学到的最为宝贵的一课就是：人的一生中，最棒的事情就是做最好的自己。如果你做到了，你就是成功的，哪怕你在比分上没有超过对手。

有太多因素会影响最终的结果，命运勾勾手指就可能在瞬间颠覆一切。天才未必会一直赢，但个体或团队只要发挥了自己最好的水平就是胜利者。这是教练的理念，这也是他教导我们的东西。

1964 年，我们完美地打了一个赛季的比赛，并最终收获了全美总冠军。1965 年，棕熊队卫冕成功。在我看来，1966 年的冠军已经是 UCLA 的囊中之物，我们会拿下大学篮球历史上的第一个三连冠。而就在这时，命运将变化无常的手指指向了我们。

由于伤病和其他一系列问题的缘故，1966 年，我们甚至连联盟冠军都没拿到——10 胜 4 负的水平不足以让我们跻身 NCAA 季后赛，更别说卫冕总冠军了。

尽管经历了种种不幸，但我从未听到伍登教练抱怨过哪怕一句，或者是找什么借口。他非常努力地在战斗，并不断告诉我们要继续加油，不要放弃，拿出最好的状态。我们做到了，我们没有被命运击倒。

正因为如此，1966 年，我们是胜利者。

回顾往事，在我看来没能拿下三连冠是真的很不可思议。但这一事实也的确向我展示了生活的本质、命运的无常——成功不能仅以结果为依据。

当然，教练也一直是这样教导我们的。他是我认识的人当中，言行最为一致的。他的所作所为贯彻了自己的原则和标准。事实上，我曾以为这就是领导者的正常作风。但其实不是的。世界上很少有人能够坚守所有那些高标准和原则。

我就读 UCLA 的第四年末尾，想要顺利毕业还需要修一些额外的学分。伍登教练一直从旁协助，确保我能够有多一年的时间获得经济学学位。

即便我已经不在棕熊队打球了，他依旧非常关心我的福祉。"肯尼斯，这很重要，一定要取得学位。"那一年间，他一直在检查我的进度，确保我能够顺利获得学位。我成功了。

伍登教练从不教授品行，他培养品行。当然，他挑选队员的标准是要看天赋，但光有天赋是不够的。他想要那种懂得团队协作的球员，正直、拥有良好价值观的人。

而后，他会培养那些价值观，就像他培养你作为运动员的天赋一样。诚实、无私、关心队友、良好的职业道德，他会一直强调这些事情。

在这一过程当中，他从不会贬低、辱骂或羞辱谁，尽管他实际上有权力这么做。毕竟，他才是老大。但即便当他实施处罚时，也会对违规人员报以尊重。

教练同时还是一位心理学大师，他了解人和人之间的不同之处。他会坚持一些事情，例如不可以骂人、要准时、不要炫技等。但在执教时，他会具体问题具体分析，针对我们每个人找到最为适合的沟通方式。

举个例子，杰克·赫希（Jack Hirsch）是个很随性的人，经常口无遮拦，队上只有他一个人会直接叫伍登教练"约翰"。教练知道他这么做不是出于不敬，也就由他去了。他知道杰克没有踩线。他就是那样的人。

但如果过了线，就要付出代价。某天我们在训练专用餐桌上吃晚餐，杰克站起来说道："这简直是猪食。"教练非常平静，但同时也很坚决地暂停了杰克的训练——告诉他，如果他不道歉，不好好吃大家都在吃的东西，他就不要回来了。

从杰克的话里，教练听出了不尊重，对我们食物的不尊重。球队上不允许任何人不尊重他人。

实际上，杰克的意思或许是我们的训练餐不太好吃，虽然我本人觉得还好。教练明白他不能让杰克说出那种话，因为非常不礼貌，让人无法接受。直到杰克改变了态度并道了歉，他才被允许归队。

两周后，杰克出现在了餐桌旁，他没有狼吞虎咽地吃东西，但至少也没再抱怨什么。

搞体育就像人生一样，有时你就算做对了每一件事，但结果你还是输了。这就像是一场旅行。尽人事，听天命。很多人都会讲这一套，但到了关键时刻——哦，原来没那么容易做到。教练言出必行，哪怕造化弄人。

第三部分
我的笔记本里所讲述的
经验教训

简介

以下你们将看到的一些内页和内容节选，均摘自我多年教学生涯所使用的笔记本——笔记、观察、提醒、建议和相应的目标列表以及实现目标的方法，包含行为准则、赛季前的优先事项、精确到每分钟的训练日程、奖励、校队队长名单等。我挑选的内容同样适用于篮球或体育领域之外的领导力实践，你可以将其运用到自己的组织当中。

我从不相信有什么"放之四海而皆准"的方法或原则可以打造高效的领导力和成功的组织。但是，通过分享我笔记本中的这些内容、成功金字塔以及我在领导力实践方面的经验教训，我希望你可以从中得到借鉴，找到适合自己的方式打造一个成功的组织——一个知晓如何在竞争环境中获得成功的团队。

优秀的领导者从不停止学习，而伟大的领导者致力于言传身教。当你读完这本书的时候，我真诚地希望你可以有所收获，成为一名更好的老师和领导者，有能力去打造一个全力以赴的组织。

以下这些笔记本内页和笔记内容帮助我实现了 UCLA 棕熊篮球队的目标。

你不能仅依靠图表去夺冠

在体育领域中，你很容易会被大量的战术图表、攻防记录、战术模式和攻防体系这类东西所折磨。从很大程度上来讲，这些内容包含了许多技术性细节，篮球能怎么打，又该怎么打。

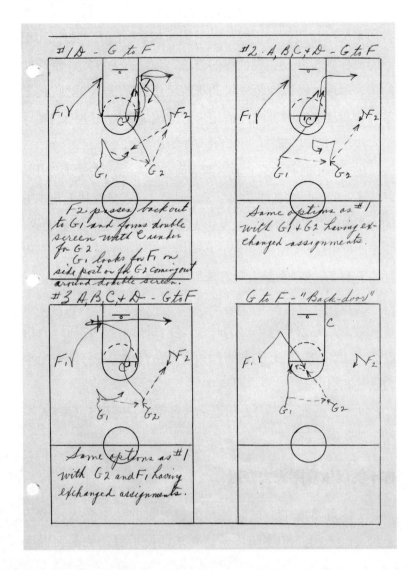

　　我相信大多数组织内的情况都一样。领导者总是期望工作按照某种特定方式去完成，无论是销售、生产、建造、设计，还是其他，等等。无论是哪种方式，你终归要先做好计划，然后让团队去执行，只不过执行效率有高有低。

　　以下是我担任棕熊队主教练时所制订的一些计划，我把它们分享在这里，因为当你看到白纸黑字的这些内容时，或许会有种感觉，就如何打造一支成功的团队而言——如若不谈及其他要素——仅仅是一个空洞的计划实际上百无一用。

　　对于任何领导者和组织而言，制订计划仅仅是第一步。这也是为什么我会在第三部分的开头就提及它。领导者所面临的最为艰巨的任务是如何去打造一种环境、构建一种思维方式、贯彻一系列原则信念，最终令个体全身心地投入工作中去，发挥其最大潜能完成任务，使组织取得成功。

　　做计划，就像绘制这些图表内容，其实非常简单。我做了上千次。而打造一个成功的组织，确保组织内部人员在执行计划时都能够保持全力以赴的精神——这才是领导力的挑战所在。

　　对我来说，这一切很大程度上始于球队的第一次会议。

我的第一次球队演讲：设立标准

　　千里之行始于足下，开局至关重要。它为你的球队在多方面定下基调——期望、价值观、态度、行为、规则等。组织的新晋成员尤其需要了解这些事，而你的老下属也需要时不时地被提醒，你所期望的做事方式。

在 UCLA，每个赛季初我都会在一间充当"教室"的屋子里做开场白。第一次球队会议上，我会认真尽责地让每一位出席人员了解我对他们的期待，以及他们可以从我身上获得些什么。除此之外，我还会同他们回顾我的成功哲学以及取得成功的方法。

拉福·强森——1959 年校队首发球员，1960 年奥运金牌得主——曾表示，我的开场白给他奠定了信心，他作为棕熊队的一员能够取得成功。他做到了。

可惜这些赛季初的演讲没有录音，也没有书面记录。几年前，印第安纳州篮球名人纪念堂邀请我去到纽卡斯尔录制一个 3D 视频演说，地点就在名人堂内，那是一座非常棒的建筑，在录制过程中，我大致还原了当时的讲话。

我将写下的讲稿和录制的内容收录在此。显然，我的讲话内容每年都有不同，但这依旧是一个很好的例子，从中你可以看到我每个赛季初为球队定下的基调和我的执教理念。

在我看来，组织内每一位成员都必须达成共识，这一点至关重要。而领导者则是那个确定共识内容的人。下面的内容摘自一个新赛季伊始，我对球队所做的演讲。

Please let me have your attention, young men. I would like to say a few words about this coming season. We all want it to be very successful, but for our success to become a reality you must first accept my concept of what success truly is. True success in basketball shouldn't be based on individual statistics or the percentage of victories, any more than success in life should be based on material possessions or a position of power and prestige. Success must be based on how close you come to reaching your own particular level of competency.

Outscoring an opponent is important, and we must make an honest effort to do that, but you must keep things in proper perspective. Our efforts on the court are only building blocks for achieving success in life, and that should be our main purpose in being here.

Even though it can never be attained, perfection should be our goal. Giving less than your best effort toward attaining perfection is not success - regardless of winning percentages or how successful others may perceive you to be.

You cannot be truly successful without the peace of mind, and that only comes through the self-satisfaction that comes from knowing you made the effort to become the best that you are capable of becoming. You and only you will know whether or not you have done that. You can fool others, but you cannot fool yourself.

We must not become too concerned about the things over which we have no control, but we must make every effort to utilize to the best of our ability the things over which we have control.

Everyone is different. There will always be others who are bigger or stronger, or quicker, or better jumpers, or better in some other areas, but there are other qualities in which you can be second to none.

Among these are - your dedication to the development of your own potential, your industriousness, your physical condition, your integrity, self-control, team spirit and cooperation. If you acquire and keep these traits, I can assure you that you will be successful, not just in basketball, but in life, which is of far greater importance.

Now for some final thoughts. You are here to get an education which will provide you with the foundation for a productive and pleasant life for all the years to follow. Your education and academic progress must be your first priority. No one else can do it for you. Your second priority is basketball, and here again, it is entirely up to you - under my direction, of course - to make the effort to reach your potential. Do not try to be better than someone else, but make every effort to become the very best you can be. For a team, at practice and at games, your concentration must be completely on basketball. But the rest of the time you are not a basketball player, you're a student - a student who should neither want nor expect any special privileges.

Are there any questions? Good!

成功的 ABC

我们每个人时不时地都会扪心自问："成功的秘诀是什么？"我的结论可能会令你感到失望：没有什么秘诀。换句话说，你和你的团队必须熟知成功的 ABC——尽管这已经算是老生常谈了，无论是得分、完成销售目标或其他等事项。在我看来，是执行力——而非什么秘诀——让工作得以顺利完成。最重要的是，个体能够在一个运行顺畅的环境中充分发挥其自身天赋，去完成最基础的任务。

多年来，我发觉那些高水准的团队和领导者都有一个共同点，他们都掌握了成功的 ABC。

A. No secrets. It is not what you do, but how well you do it.
B. No system will be successful unless the players are well grounded in the fundamentals.
C. System or team play comes from integrating individuals, who have mastered the fundamentals, into a smooth working unit. This applies to both the offensive and defensive point of view.

领导者的自我完善清单

我是一个清单爱好者。或许是出于这样一种认知：当你有了一个目标之后，你需要知道如何去实现它。对我来说，列清单就是一个有效的途径。这些年来我列了许许多多的清单。

下面这张清单里包含了一些次要特质，我认为它们对领导者同样有价值（首要特质已经在成功金字塔中列明了）。某些次要特质的重要程度很明显（尽管有时候最明显的事情往往也最容易被忽视），其他的则显得微不足道——例如"声音"。

Secondary Traits

1. Affability - Friendly, likable, cordial.

2. Appearance - Clean, neat.

3. Voice - Proper use of tone and pitch.

4. Adaptability - Adjust to the environment.

5. Cooperativeness - Harmonious co-worker with faculty, team, and community.

6. Forcefulness - Back up your ideas with firmness, not "bull-headedness."

> "The man who once most wisely said,
> 'Be sure you are right, then go ahead.'
> Might well have added this to it,
> Be sure you are wrong before you quit."

7. Accuracy - In choice of men, in judgement, in techniques, and reacting quickly to emergencies.

8. Alertness - Be alert to observe weak spots in the opposition, in your own team, note fatigue, etc., and be quick to make the necessary corrections.

9. Reliability - The boys must know that they can depend upon you.

10. Cheerful, optimistic disposition - Think positively rather than negatively. Sincere optimism builds confidence and courage.

11. Resourcefulness - Each individual and each team is a separate problem--mentally, physically, socially, and spiritually. Use the right appeal for each.

12. Vision - Provide the incentive, a picture of the possible.

但我从不想当然地认为哪些事情的重要性是不言而喻的，或者其他相关细节就无足轻重，特别是当涉及领导者自我完善的层面。

我的做法很简单，如果我想到某种可以取得进步的方式，我就会去尝试。在我看来，以下这些特质能够提高我，或者任何一位领导者的效率。

你会看到曾出现在金字塔第二层的"警觉"同样列在这里。或许我在无意识当中顺应了学习的第四定律：重复。

从每一分钟里挤出更多的时间

通过这些笔记内容，你可以看到，我在赛季第一场正式比赛开始前，几乎每天都会进行全场对抗训练。（实际上，正式比赛开始的前一周，我们还在做最后的全场对抗训练。）而后，我就很少会进行这种训练了。

Full court scrummage – Use almost every day prin to the first game, then –
1. Occasionally as needed for first seven or eight men.
2 Every Monday for those who did not get to play too much in the games.

在首场比赛前几周进行全场对抗训练的目的有三个：第一，调节身体状态；第二，让球员适应正式篮球赛中的全场作战的强度；第三，对球员进行评估。

一旦赛季开始，我仅会偶尔安排这种训练，因为其他训练的强度和频率足以实现调节身体状态的目的。鉴于每周都有比赛，对全场比赛的适应性也不再是需要考虑的问题。而我对球员的评估实际上是贯穿在全年的训练和比赛当中的。这些现实情况大大减少了开展全场对抗训练的必要性。

我在赛季开始后停止经常性全场对抗训练的主要原因在于，从执教层面而言，这种模式效率低下。为什么？因为它浪费时间。选手们从球场一端跑到另一端，时间就这样被浪费了。

我更偏好的执教风格是整体—部分模式，我会将"整体"——打篮球——打散，进行碎片化处理，以便于有针对性地指导和完善，包括如何正确地投篮、视线的移动、双手的位置、过人、前旋、接球、战术跑动路线、篮板球的细节要求、防守体系等。

在针对每一部分进行训练之后，我们会再把这些"碎片"重新拼回一个整体。全场跑动浪费的时间不如用在对这类细节——部分——的完善上。正因如此，尽管全场对抗训练在赛季开始前能够很好地实现上述三个具体目标，但在赛季开始后它的作用就没那么大了。想要达成目标，我们需要更加有效的途径：半场对抗和其他有针对性的训练。

对我来说，有效的时间利用至关重要，正如我在本书第十章"让你的每一天都成为杰作"中所提及的。摒弃全场对抗训练只是高效利用时间的一个小例子，以便从每一分钟里挤出更多的时间。我举这个例子的目的是想引发你的思考，为你的组织寻求更好地利用时间的方法。

明确你的规矩

本书第十一章"胡萝卜比大棒更管用"详述了这些年我是如何从一个订立很多规矩但极少提出建议的人，转变为更多地提出建议，减少规矩。但我还是有基本要求的，特别是针对训练。这里我会举一些例子，在我看来它们都属于"合理期待"，所有的球员都必须遵守。

当然，在各领域都寻求一种平衡对领导者和团队来说至关重要。如何把握好定规立约的平衡性极具挑战。众多的条条框框是否压得你和你的组织喘不过气来？哪一条规矩起到了积极的作用？哪些又引起了反感？我无法给出这些问题的答案。每一位教练、每一位领导者都需要自己为其组织找到答案。

有好几年，在每个赛季伊始我都会给每位球员发一本厚重的资料集。而当我发觉如此大量的资料让他们感到难以应对时，我改变了策略，我将它们划分成小块，每天给一点儿，通过口头指导和油印文本纸页——正如你现在看到的这些内容——的方式。

这些笔记内容或许会给你留下这样的印象：包含的信息太多或太少；太宽泛或过于琐碎。这正是我要表达的观点：在组织内部进行信息传递时，领导者对于时间的分配要寻求最佳的平衡。

Practice

1. Be dressed, on the floor, and ready for practice on time every day. There is no substitute for industriousness and enthusiasm.

2. Warm up and then work on your weaknesses and shoot some free throws when you take the floor and until organized practice begins.

3. Work hard to improve yourself without having to be forced. Be serious. Have fun without clowning. You develop only by doing your best.

4. No cliques, no complaining, no criticizing, no jealousy, no egotism, no envy, no alibis. Earn the respect of all.

5. Never leave the floor without permission.

6. When a coach blows the whistle, all give him your undivided attention and respond immediately without disconcerting in any manner.

7. Move quickly to get in position to start a new drill.

8. Keep a neat practice appearance with shirt tails in, socks pulled up, and hair cut short, clean shaven, + fingernails trimmed.

9. Take excellent care of your equipment and keep your locker neat and orderly.

10. Record your weight in and out every day.

11. Do things the way you have been told and do not have to be told every day. Correct habits are formed only through continued repetition of the perfect model.

12. Be clever, not fancy. Good, clever play brings praise while fancy play brings ridicule and criticism.

13. When group activity is stopped to correct one individual, all pay close attention in order that you will not require the same correction.

14. Condition comes from hard work during practice and proper mental and moral conduct.

15. Poise, confidence, and self-control comes from being prepared.

教导他人接受批评

提出批评是领导者工作的一个重要组成部分。如果说适时的称赞可以化作一股强大的激励动力——特别是当受人信赖和尊敬的人提出的表扬，其所蕴含的力量或许最为强大——而批评也有类似的作用，只不过是通过另一种完全不同的方式。

尽管批评理应有所成效，但在实际操作层面却往往事与愿违。因而，我在提出批评时力求持有一个认真的态度，避免个人情绪混杂其中，否则极易令人难堪甚至怀恨在心。而这不是我想要的。

在我看来，你必须教导下属正确回应你的批评。我从来不会假定，只要我对事不对人，受批评的人就会自然而然地接受。因而，我会给出以下的指示来提醒——教导——球员们他们该如何对批评作出回应。

```
Re:  Criticism


    1.  If the coach "bawls you out", consider it as a compliment.
        He is trying to teach you and impress a point upon you.
        If he were not interested in you, he would not bother.  A
        player is criticized only to improve him and not for any
        personal reasons.

    2.  Take your criticism in a constructive way without alibis
        or sulking.  If the coach was wrong, he will find it out
        in due time.

    3.  Do not nag or razz or criticize a teammate at any time.
        It may lead to a bad feeling, which can only hurt the team.
        We must avoid cliques and all work toward the best interest
        of the team.
```

你可以看到，我会非常明确地指出，任何时候球员都不允许批评队友。

高效领导者的批评收效显著，而效率低下的领导者只会粗暴地进行批评，从而加剧问题的恶化。有鉴于此，领导者不但要知道如何提出批评，还要教导他人如何接受批评。

UCLA 获得第一个全美总冠军之前的笔记内容

1963—1964 年赛季，UCLA 首次拿下全美总冠军。在赛季开始之前，我就已经意识到我们具备了一支成功球队所需的要素。首发阵容都是老面孔，非常适合打紧逼战术——我们在前一个赛季开始运用到实践中的一种全场防守体系。配合 UCLA 的快攻打法，我认为我们的球员会成为全美总冠军的强力争夺者。

实际上，我还把对球队未来的期待化作了一首小诗：

> 首发阵容全员回归，
> 是的，华特、盖尔、基斯和杰克，
> 弗雷德和弗莱迪[①]还有其他人，
> 我们在 1964 年必定会夺冠。

1963—1964 年赛季，我记录下这些内容作为提醒，哪里需要着重强调，哪里又需要改善。尽管对球队的潜力深信不疑，但我深知想要成功必须依靠坚持不懈的努力和持续不断的进步。

这些笔记内容均涉及赛前准备事项，如果可能的话，我想进一步完善它们。例如，"加强多区域紧逼战术体系的训练"（第 3 条）；"加强球队快攻的训练"（第 4 条）；以及"加

---

① 华特·哈泽德、盖尔·古德里奇、基斯·埃里克森、杰克·赫希、弗雷德·斯劳特和弗莱迪·高斯。

强团队协作"（第 12 条）。

这些要点已经深深植根于球队的比赛和训练中。我之所以提及它们，是想要说明尽管球队的执行力已经非常高了，但我依旧怀有强烈的意愿，想要在各目标领域有所进步。

领导者一旦满足于现状，就会认为没有再进一步的必要。在我 40 年的篮球执教生涯里，从未有过任何一刻，让我觉得自己可以停下脚步，无论是与比赛相关的哪一个方面，包括我自身的领导力技巧。

Practice Schedule

For The

1963-1964 Season

Suggestions #

1. Close each early practice with wind sprints.

2 Run special parts of our offense against live defense after permitting the first pass. This forces adjustments when necessary.

3. Work a lot on pressing defense. Try Zone presses. 2-2-1, 2-1-2, 1-1-3-1, 1-2-1-1

4 Work a lot on team fast break. ½ - ½ - ½ !!!

5 Use the 3 on 2 conditioner a lot - every day other off-hand set ups.

6. Use weak side post without a shot a lot. Also other offensive set ups.

7 Coaches do more individual and detail coaching.

8. Play the strong hand more on defense. Emphasize defense on man without the ball.

9 On the press - when two-timing a man, do not permit him to dribble out or throw a direct pass. Come in high to force a lob or bounce and be alert to cover his potential outlets. Keep some one between the ball and the opposite corner of the penetration.

10 Emphasize personal pride - on defense in particular.

11 Teach more talking on defense and offense.

12 Really strive for team play.

关于这份清单上的内容我还有两点需要格外强调：

第1点，"前期的训练要以锻炼呼吸的冲刺项目收尾"这一条从来没有实际应用过。我不太喜欢在训练中安排冲刺跑，因为它的目的仅仅是锻炼身体状态。在我看来，高速开展其他有针对性的训练项目同样可以做到这一点，并且是一石二鸟。而我之所以会把它列入清单，或许是因为我曾经考虑过要做个尝试。但最终，我还是没有在训练中启用它。

第11点，"无论进攻还是防守，让球员多做交流"则非常重要——提醒我球员之间的沟通势在必行。在比赛中，队友之间必须持续进行交流，在涉及比赛的方方面面，互相提醒和鼓励。我甚至专门指派了穿5号球衣的队员（一名后卫）为"总监"，负责发起有关进攻和防守的战术交流。

在体育领域，沟通交流的重要性不言而喻。对你的团队来说或许也是如此。你是否看重高质量的沟通，并教导团队成员进行有效的沟通？当然，领导者才是这一切的起点。首先，你自己是否是一个善于沟通的人？

一个精彩赛季的相关细节

我在本书第十四章"不要关注记分板"中曾提及，每个赛季伊始，我都会写下对UCLA未来比赛的结果预测。这些预测的依据很多，包括你看到的：比赛开始时间、日期、对手、最终比分、地点以及裁判员的名字。

我会将所有这些信息，连同其他很多因素纳入考量范围，

写下对下个赛季比赛结果的"最佳预测"。然后，我会把预测
结果装进信封，密封好，直到赛季结束后我才会打开。显然，

		1963-64 Season		Won 30	Conf.
		NCAA Champs -		Lost 0	(15-0)
		UP #1 AP #1			100%
8:00	F 11/29	UCLA Freshman	+113-71	SMCC	Perry - Miletich
9:15	F 12/6	Brigham Young Univ.	+80-65	L.A. Arena	Frivaldsky - Henley
7:00	S 12/7	Butler	+78-75	"	Frivaldsky - Filberti
7:30	F 12/13	Kansas State	+74-54	Lawrence, Kan.	Alex George - Ken Bryan
7:30	S 12/14	Kansas	+112-61	Manhattan, Kan.	Tom Glennon - Pat Haggerty
7:00	F 12/20	Baylor	+95-79	Long Beach Arena	Doug Harvey - Jack Taylor
9:15	S 12/21	Creighton	+95-65	"	Jackie White - Jack Taylor
1:15	Th. 12/26	Yale	+98-80	L.A. Arena	Bill Fouts - Jack Taylor
7:00	F 12/27	Michigan } L.A. Classic	+83-79	"	Jim Tunney - Joe Weigel
9:00	S 12/28	Illinois }	+88-83	"	Bill Fouts - Joe Weigel
8:00	F 1/3	} Wash. State	+121-79	Pullman, Wash.	Louie Soriano - Chas Moffett
8:00	S 1/4	}	+74-59	"	Bert Burr - Chas Moffett
8:00	F 1/10	} U. So. Calif.	+78-71	L.A. Arena	Louie Soriano - Bill Fouts
8:00	S 1/11	}		"	Louie Soriano - Bill Fouts
9:15	F 1/17	Stanford	+84-71	"	Bill Bussenius - Joe Frivaldsky
8:00	S 1/18	Stanford	+80-61	SMCC	Bill Bussenius - Joe Frivaldsky
8:00	F 1/31	Santa Barbara	+107-76	Santa Barbara	Jackie White - Joe Frivaldsky
8:00	S 2/1	Santa Barbara	+87-59	SMCC	Doug Harvey - Jim Tunney
8:00	F 2/7	UCB	+87-67	Berkeley	Mel Ross - Jim Tunney
8:00	S 2/8	UCB	+58-56	"	Mel Ross - Jim Tunney
7:00	F 2/14	Washington	+73-58	L.A. Arena	Ernie Filberti - Mel Ross
9:15	S 2/15	Washington	+88-60	"	Ernie Filberti - Jim Tunney
8:00	S 2/22	Stanford	+100-88	Palo Alto	Ernie Filberti - Jack Taylor
8:00	M 2/24	Washington	+78-64	Seattle	Chas Moffett - Wm. Kendrick
8:00	S 2/29	Wash. State	+93-56	L.A. Arena	Bill Bussenius - Jim Tunney
7:00	M 3/2	UCB	+87-57	"	Ernie Filberti - Jackie White
8:00	F 3/6	U. So. Calif.	+91-81	"	Louie Soriano - Joe Frivaldsky
9:30	F 3/13	Seattle } NCAA West. Reg.	+95-90	Corvallis, Ore.	Alex George - Lloyd Rasmussen
9:00	S. 3/14	U. San Fran. }	+76-72	"	Tom Glennon - Dan Watson
9:30	F 3/20	Kan. State } NCAA Finals	+90-84	Kansas City	Red Mihalik - Horza
9:00	S. 3/21	Duke }	+98-83		Red Mihalik - Tom Glennon
9:00					

我不可能真的忘掉所有看到过的信息，因为有些信息会提醒我球队可能会再次面临的情况。例如，某些裁判员对犯规的判罚更加严格；某些场馆（和粉丝）对客场球队不是特别友好；我需要确认客场比赛、在晚间举行的比赛或在某个特殊时间举行的比赛——周五或者周六——是否会对棕熊队的发挥产生影响。

在我看来，精准翔实的记录对领导力来说至关重要。我经常会寻找那些能够帮助球队或个人取得进步的线索。为了做到这一点，我会对每场训练和比赛进行大量翔实的记录。我的2号黄色铅笔的使用频率实际上要比我的口哨还多。

你看到的这一页内容是在1963—1964年赛季所做的记录，那年UCLA首次斩获全美总冠军，并打出了30∶0的完美赛季表现。笔记内容的格式和此前的那些赛季记录没有什么不同，你可以看到那些我会在年初时回顾的具体信息。

不要被成功冲昏了头

1964年和1965年，UCLA蝉联全美总冠军。1966年赛季初，我简要地写下了以下内容，作为对自己的一个紧急提醒，我需要给回归的校队成员上一堂非常重要的课。

　　我传达的信息听上去更像是一种警示："不要认为过去的成功一定会在未来重现。"我要每一位选手都充分意识到，UCLA 最近收获的两座总冠军奖杯不会成为下个赛季任何事的保障。冠军属于之前的球队——而不是现在的他们。这一届队伍需要打造自己的身份认同，努力去赢得属于他们自己的总冠军奖杯。

　　我会通过不同方式将这一信息——或者说警告——口头传达给球员，以防他们过度自信和自满——被胜利冲昏了头，因为这一后果将会非常严重。

　　我自己也曾做过选手，我知道想要拿第一有多么不容易，更别说保持住第一的排名，因为我们往往会放慢脚步，会松懈，仅仅因为一点小小的成绩就安于现状。

　　对于任何领导者或组织来说，在未来，想要重现以往的成功，必须付出同等的，甚至是更多的努力。曾带领团队取得过成功的领导者必须努力消除组织内部因成功而产生的自满情绪。否则，一时的成功无法持久存续。该笔记的内容——提醒我应不断向球队重复的信息——是为了防止他们被成功冲昏了头脑。

两张清单都是为了同一个目标：不断进步

　　这些年来我所做的清单涵盖了从防止生水疱到如何跳投的一切内容。除了比赛的技术性细节之外，我同样注重涉及球员情绪和精神层面的内容。

　　下面的两份清单分别名为"执教方法"和"执教——需要牢记的重要原则"。你可以将两份清单里的"执教"替换为"领导力"去解读。这 27 条建议，在我看来，在几乎任何组织中都可以直接用于打造高效的领导力。

```
                    UCLA  BASKETBALL

                 John Wooden, Head Coach

Coaching Methods

 1.  Be a teacher.  Follow the laws of learning--explanation
     and demonstration, imitation, criticism of the imitation,
     repetition until habit is formed.

 2.  Use lectures, photographs, movies, diagrams, mimeographed
     material, etc., to supplement your daily practices.

 3.  Insist on punctuality and proper dress for practice.

 4.  Insist on strict attention.

 5.  Permit no "horse play."  Practice is preparation.

 6.  Show patience.

 7.  Give new things early in the practice period and then repeat
     daily until learned.

 8.  Avoid harsh, public criticism.  Use praise as well as censure.

 9.  Encourage teamwork and unselfishness.

10.  Do considerable individual coaching of individuals.

11.  Use small, carefully organized groups.

12.  Have a definite practice plan--and follow it.
```

John Wooden, Head Coach

Coaching - Important principles to keep in mind

1. Basketball is a game of habits.

2. Never become satisfied.

3. Don't give them too much, but teach well.

4. Don't tie them down so rigidly that they lose their initiative.

5. Have an offense that gives equal opportunity to all.

6. Don't overlook little details. You must prepare to win to be a winner.

7. Convince your players of the importance of condition - mental, moral, and physical.

8. Nothing is as important as proper execution of the fundamentals.

9. Confidence comes from being prepared and properly conditioned.

10. Development of team spirit is a must and selfishness, envy, and egotism must be eliminated.

11. Both coach and players must be industrious and enthusiastic if success is to be achieved.

12. Teach respect for all and fear for none.

13. Use the positive approach and develop pride in your own game.

14. Have one team, not regulars and substitutes.

15. Give public credit to your playmakers and defensive men at every opportunity.

一座好的体育场馆有利于提高训练效率

截至 1967 年，UCLA 的现代篮球场馆——保利体育馆已经投入使用了一年时间，我的训练效率和效能也因此上升到了更高的水平。

你可以从这些建议里找到证据：1966—1967 年赛季，我写给自己的提醒，第 3 条："投篮"（罚球）。

此前球队的训练场所是人民体育馆，场地限制颇多，仅有两个篮筐。保利体育馆设施更加完备——包括 6 个篮筐（也可以投入使用更多）——我可以一边进行有针对性的训练和打练习赛的同时，让其他球员两人一组，用额外的篮筐练习投罚球。

实际上，后来篮筐的使用数量翻了一倍，除了让两人一组练投罚球之外，我还让另一组人练习外线投篮。当选手练习投罚球时，我会让经理记录他们的命中率。

尽管保利体育馆可以提供给我们足够多的篮筐，但我很少会让某个球员独享其中一个。篮球是一个团队运动，我认为让选手独自进行训练是不明智的。大多数时候，我都要求他们多与队友进行互动。

在我的笔记中，你还会发现一条时间提醒，球员到场训练的时间不得迟于下午 3：15。3：00—3：30 是热身环节，通常没有人监督，后来我发现球员在某种程度上会利用这一点，到的时间越来越迟。下个赛季我要制止住这种倾向。

热身环节非常重要。任何一件事都有其意义。

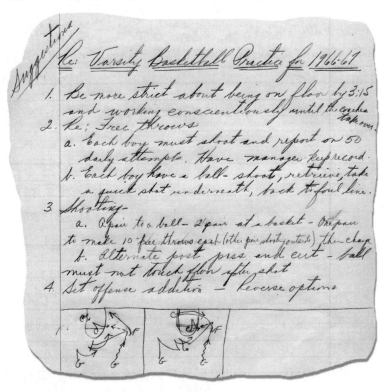

建立良好人际关系的八个步骤

在很多情形下，组织的成功与否取决于领导者和其内部成员之间的关系。人们往往会过分解读人际关系这种东西，我则尽可能地避免这种倾向性，更多地去依靠常识。

我将以下八个具体的"常识性"步骤融入执教当中，以期与球队成员建立更加富有成效的人际关系。

我在本书第五章"不要忘了那个最强大的四字母单词"

中已经谈及了前三个步骤，在这里，我认为需要再次重申所有这八个步骤，你会发现它们都基于朴素的、大家耳熟能详的常识性观念。

John Wooden, Head Coach

- Coach ~~your~~ *and* player relationship

1. Keep a close personal player relationship, but keep their respect. Be sincerely interested in their personal problems and easy to approach.

2. Maintain discipline without being dictatorial. Be fair and lead rather than drive.

3. Study and respect the individuality of each player and handle them accordingly. Treat each man as he deserves to be treated.

4. Try to develop the same sense of responsibility in all.

5. Analyze yourself as well as your players and be governed accordingly.

6. Approval is a great motivator. Use the "pat on the back," especially after severe criticism.

7. If you teach loyalty, honesty, and respect for the rights of others, you will be taking a big step toward a cooperative team with proper team spirit. Jealousy, egotism, envy, criticism and razzing of each other can ruin this.

8. Consider the team first, but don't sacrifice a boy just to prove a point.

做好记录

这是一份 1969 年 12 月 12 日（星期一）的训练日程安排，内容除了显示出我们将训练时间拆分为惯常的 5 分钟、10 分钟和 15 分钟一节之外，还记录了一位球员——史蒂夫·帕特森（Steve Patterson）的缺席。你会发现，我们实际上会跟踪有关训练日程的诸多细节：那天史蒂夫·帕特森会缺席 30 分钟的训练是因为他要参加期末考试。

小费德南迪·刘易斯·阿辛多尔（卡里姆·阿卜杜尔·贾巴尔）毕业后，史蒂夫成为棕熊队的首发中锋。这些记录提醒我，他什么时间缺席了训练，因为什么原因缺席，缺席的又是哪一部分的训练。

对我来说，记录下这些事情非常重要——谁在哪儿，什么时候，待了多长时间。每个人和每件事都至关重要。

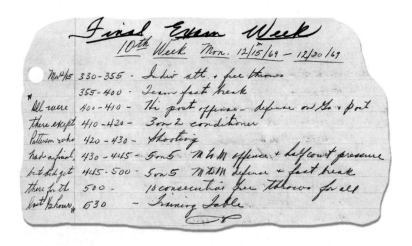

合理期待

我做教练那会儿，记性很好，诸如各类细节资料、球员的名字和他们的长相以及我希望球员们遵守的行为准则我通通记得住。即便如此，我还是会把这些事都写下来，包括我想要球员具备或培养的那些个人状态——一个成功团队必要的组成部分。好记性不如烂笔头，我从不心存侥幸，以防忽视或忘记些什么。所以我会列清单，非常多的清单。

我把所有这些涉及球员的清单内容统一称为"合理期待"。换句话说，我从不认为我订立的规矩很难遵守或者特别不寻常。以下这份清单列出了我对球员的行为准则要求，我希望他们都能够遵守。

Normal Expectations

Our chances of having a successful team may be in direct proportion to the ability of each player to live up to the following sets of suggestions:

1. Be a gentleman at all times.
2. Be a team player always.
3. Be on time whenever time is involved.
4. Be a good student in all subjects - not just in basketball.
5. Be enthusiastic, industrious, dependable, loyal, and cooperative.
6. Be in the best possible condition -- physically, mentally, and morally.
7. Earn the right to be proud and confident.
8. Keep emotions under control without losing fight or aggressiveness.
9. Work constantly to improve without becoming satisfied.
10. Acquire peace of mind by becoming the best that you are capable of becoming.

* * * *

1. Never criticize, nag or razz a teammate.
2. Never miss or be late for any class or appointment.
3. Never be selfish, jealous, envious, or egotistical.
4. Never expect favors.
5. Never waste time.
6. Never alibi or make excuses.
7. Never require repeated criticism for the same mistake.
8. Never lose faith or patience.
9. Never grandstand, loaf, sulk, or boast.
10. Never have reason to be sorry afterwards.

对于任何组织的领导者来说，如果其团队成员能够遵守这些"合理期待"，他们就具备了一支优秀团队的素质。

从威尔特身上学到的一课

20世纪60年代末，威尔特·张伯伦被交易到洛杉矶湖人队。球队为此召开了记者会，向本地评论员和解说员介绍威尔特，一位记者问道："威尔特，你觉得湖人队的教练范·布雷达·考尔夫（Van Breda Kolff）能否掌控住你？听说你很难被掌控。"

我本人也在发布会现场，威尔特的回答给我留下了很深的印象。他告诉记者说："只有当对象是农场的牲畜时，你才会去'控制'它们，而面对人类，我们要讲合作。我是个人，我可以和任何人合作。"

听了他的话，我突然想起我正打算出版的一本关于执教篮球的书《实用的现代篮球》（*Practical Modern Basketball*），里面有一节内容就题为"掌控球员"。

我立即赶回家，拿出我的原稿，将那一节的标题内容变更为"与球员共事"。在我看来，这一对措辞的变更至关重要，因为我相信：高效的领导者会与团队成员通力合作。而"掌控"，在我看来，则意味着一种截然不同的、低效的人际关系。下图显示了我在原稿上针对措辞所做的修改。这虽然是一件很小的事情，但它却与更大、更重要的图景相连，即你对和下属之间的关系持有怎样的立场。

Working with
Handling of players - be impartial, but remember that no two
are alike and each must receive the treatment that he earns and deserves;
remember that you cannot antagonize and influence at the same time;
praise as well as censure - no one truly likes to be criticized; be
easily approached, but maintain respect; publicly commend your play
makers, rebounders, and key defensive work; permit no razzing, criticizing
among the players; players must thank and praise each other; have one
team - not regulars and subs; try to get across the idea that doing their
best will bring desirable results in every way; hold no post mortems
immediately after games, but learn and improve; do the job at hand as we
can do nothing to change the past, but can help prepare for the future.

猫薄荷和假想球

在任何情境下，想要获得冠军必须经过不断的训练——也就是你做准备的过程。你在训练中的表现决定了你在赛场上的发挥。

就棕熊队的训练而言，我需要面临的最大的挑战之一就是处理那些会令球员们分神的事项，即一名选手想要去得分或抢篮板的本能和欲望。本能和欲望好比充满魔力的塞壬的歌声，一旦响起，球员们就很难集中注意力，去学习掌握那些"无趣的"基本动作，但实际上，你必须掌握这些基本功要点才能够得分和抢到篮板，例如前旋、手掌和手臂的移动以及战术跑动路线。

你的团队或许也面临相同的状况。下属——甚至是你自己——可能更加在意最终的结果，而忽略为了得到这些结果，你需要学习和去做哪些事，这是人之常情。

在 UCLA，我尝试去解决这一特定问题，偶尔我会消除塞壬之歌的影响；具体来说，我要求他们在训练和打球时不持球。没有篮球，选手既不能投篮得分也没办法抢篮板。现在分神的东西没有了，球员们就可以更好地集中注意力在我的教导上。

在有关"篮板球"的笔记中，我罗列了这些项目：3 vs 3 训练、三人传球训练、五人篮下往返跑动训练等。

第 8 条我写到"假想球"。这一训练便是移除塞壬之歌的影响，继而让球员专心致志于得分和抢篮板球的基本动作。

我还列了一份单项训练项目清单，其中"跳投"（第 7 条）和"进攻性补篮和防守篮板球"（第 8 条）都是通过"假想球"开展的。在这些训练中，我们会专心致志于磨炼跳投和抢篮板球的技术，没有篮球会分散球员的注意力。

Rebounding - use some every day.
1. Five man rebound and passing.
2. Five man back and forth over basket.
3. Three man pass and move.
4. Moving straight line for timing
5. 3 on 3 inside with outside shooters.
6. 5 on 5 full team from various shots
7. 1 on 1, 2 on 2, and 3 on 3
8. Imaginary ball.
9. Individual tipping - three and in
10. Slankers covering the bank shot

篮球对于球员来说就相当于猫薄荷之于猫——无法抗

拒。因而，我在训练中偶尔会移除这些"猫薄荷"。偶尔，在我开启训练时，球场上一个篮球都没有。球员的跑动路线照常，他们也会做各种移动，但无须考虑球。强制他们模拟过人的情形有利于养成良好的习惯，提升球员对时机的把握能力，优化步伐、肘部和手掌的位置，提高整体的平衡性。

我认为这和打太极很类似，武者关注的是动作的轨迹而非其目标。运动轨迹出现偏差的话，你很难击中目标。这一点对于篮球队和大多数组织来说都同样适用。领导者的职责就是找出"正确的运动轨迹"并教授它们。为促进团队进步，试着找出适用于你自身领导力实践的"假想球"。

球队队长？
没有人气大比拼

我不认为指派一名球员就任一整个赛季的球队队长是个好主意，同样，我也不允许球员们自行选举。部分原因要归结于我在印第安纳州中南本德高中执教第一年里发生的某些事。我就任之前，篮球队的传统是这样的：每个赛季结束后，球员会选举出下一个赛季的球队队长——时间差不多提前了8个月。

我开始执教球队时，塞巴斯蒂安·诺维茨基（Sebastian Nowicki）作为熊队队长已经就任了——甚至在我到达南本德之前就选好了。很不幸的是，在我执教的第一年，塞巴斯蒂安并没有入选球队首发阵容。赛季开始前，他要履行队长的职责，但赛季开始后，他却要坐板凳——不得不说，这有点儿尴尬。

这一情形进一步印证了我的观点，选举一位球队队长更像是某种人气大比拼，而非去注重选手个人的领导能力。尽管塞巴斯蒂安以良好心态接受了他的角色，我依旧认为这会在未来造成麻烦。想要打造一支成功的球队，仅靠人气来推选队长看上去可不是什么好主意。

我其实是可以解决这个问题的，例如，亲自指派每年的球队队长，而不是让球员们自己去做决定。实际上，我也有所行动了，但有一点非常不同，就是我指派球队队长是基于每一场比赛，而不是让谁一当就当一年。

在我看来，基于每一场比赛来传递"荣耀的"球队队长职位好处多多。它相当于是一根不错的"胡萝卜"，用以奖励那些以多种形式为球队作出贡献却默默无闻的球员——例如，努力训练、飞身救球、良好的态度以及其他非常有价值却没那么耀眼的行为举动。

尽管赛季前的队长职责不甚显著，每一位球员仍旧以被选为球队队长而自豪，这意味着他代表着整支球队。而被主教练委任为某一场具体比赛的球队队长则成为一种巨大的激励。

在中南本德高中执教的第一个赛季结束后，我通知球员们不会再有为来年球队选举队长这种事了。我开始自行指派每一场比赛的队长人选，我会在更衣室里宣布他的名字——就在比赛开始前不久。

我来到 UCLA 时，同样的问题出现了——上个赛季结束后，罗恩·皮尔森（Ron Pearson）就被选为球队队长。第一年执教棕熊队的末尾，我开始实施在中南本德高中的政策——在每场比赛开始前亲自指派球队队长。

在 UCLA 接下来的 26 个赛季中，一共出现了四次例外的情形。这四次情形当中，出于对特殊情况的考虑，我认为指派某位固定的球员担任整个赛季的球队队长效果会更好。1950 年，我选择了艾迪·希德瑞克（Eddie Sheldrake），因为他是唯一一位回归的首发球员，他知道怎么扑球，能树立一个良好的榜样。1966—1967 年赛季，我指派了迈克·沃伦（Mike Warren），出于同样的原因，他是那一年唯一回归的首发阵容选手，他在球场上非常有洞见性，懂得如何去救球，并且也做出了表率。

迈克·沃伦的队友包括年轻的小费德南迪·刘易斯·阿辛多尔（卡里姆·阿卜杜尔·贾巴尔）、林恩·沙克尔福、卢修斯·艾伦和肯·赫兹——都是非常有天赋的选手，但都缺乏经验。我认为迈克能促进球队的稳定。当他和队友斩获了那年的 NCAA 全美总冠军之后，我认为没有变更的必要，1967—1968 年赛季，迈克·沃伦再度担任棕熊队长，那一年，球队卫冕成功。

我第四次指派某位选手作为整个赛季的球队队长是在我执教的最后一年：1974—1975 年赛季。再一次，戴维·迈耶斯是唯一回归的首发阵容选手，正如同迈克·沃伦和艾迪·希德瑞克一样，戴维同样具备极其重要的品质，即会救球，并做出了表率。

你在下面名为"校队队长"的列表中会看到，每个赛季后都写着一个名字。这份列表具有一定的误导性，仿佛我们每一位"队长"都会当上一整年。实际上，这份名单是在赛季结束后经由人气投票选举出的。在这一时间节点上，我倒是不介意来一场人气选举。

Varsity Captains

1949 - * Ronnie Pearson
1950 - * Alan Sawyer
1951 - * Eddie Sheldrake
1952 - * Don Johnson + * Jerry Norman
1953 - * Barry Porter
1954 * - Ron Livingston
1955 * - John Moore + * Don Bragg
1956 * - William Naulls
1957 * - Dick Banton
1958 * - Ben Rogers
1959 - * Walt Torrence
1960 - * Clifford Brandon
1961 - * John Berberich + * Bill Ellis
1962 * - Gary Cunningham + * John Green
1963 - * Jim Milhorn
1964 * - Walt Hazzard + * Jack Hirsch
1965 * - Keith Erickson + * Gail Goodrich
1966 * - Freddie Goss
1967 - * Mike Warren
1968 - * Mike Warren

```
1969  * Lewis Alcindor + Lynn Shackelford
1970  * John Vallely
1971    Steve Patterson, Curtis Rowe, Sidney Wicks
1972  * Henry Bibby
1973  * Larry Farmer
1974    Bill Walton + Keith Wilkes
1975    David Meyers
```

对重要的品质进行奖励

我一直坚信，荣耀属于团体，而非任何个人。即便如此，对组织内部成员为团队福祉所作出的贡献予以认可仍旧非常重要。通常来讲，这份认可会授予表现最突出的贡献者——例如，篮球领域的得分王或商业领域的业绩标兵。

我在 UCLA 执教期间，校友团体和本地支持者们会为作出贡献的球员颁发一系列奖项。尽管我没有办法控制他们想要把奖颁给谁，但我强烈建议他们认可那些优秀的个人品行和特质，认可那些与得分相比并不突出的贡献行为。

得分固然重要，但在这一特定领域的佼佼者通常会自动获得大家的认可。我希望人们同时还能够认可那些在其他不那么重要的领域里做出优异成绩的人。

　　比起具体的获奖人名单，更重要的是他们所代表的那一整类人：格兰岱尔棕熊队俱乐部奖[①]（"服务于球队和大学"）；棕熊队板凳奖[②]（"精神状态"）；棕熊队篮球运动员奖[③]（"最无私的、具有团队精神的人"）；阿曼德奖[④]（"学业成绩"）和"球童"工作奖[⑤]（"富有竞争精神"）。

　　在任何组织里，个体只要具备无私、竞争精神和其他我所提及的那些优秀品质，他们对团队而言就是有价值的。UCLA 校友团体和支持者俱乐部能够对这些领域的佼佼者予以认可，也算是给棕熊队帮了一个大忙。在你自己的组织内部，要努力确保那些默默无闻但成就了大事的人得到应有的认可。

---

① The Glendale Bruin Club Award.
② The Bruin Bench Award.
③ The Bruin Hoopster Award.
④ The Armand Award.
⑤ The "Caddy" Works Award.

正如我在本书第八章"投篮得分需要十只手"中所提及的那样，不要仅仅奖励得分的那两只手。有其他几双手的存在，得分才成为可能，认可他们的努力。他们是打造一个成功组织的关键基底。

Bruin Bench Award

Presented annually to a U.C.L.A. varsity basketball player who has shown the most improvement in over-all play and mental attitude from a previous varsity year.

1954 – Ronald Bane	1972 – Larry Farmer
1955 – Morris Taft	1973 – Larry Hollifild
1956 – Conrad Burke	1974 – David Meyers
1957 – Jim Halsten	
1958 – Roland Underhill	
1959 – Denny Crum	
1960 – Clifford Brandon	
1961 – John Berberich	
1962 – John Green	
1963 – Jim Milhorn & Dave Waxman	
1964 – Gail Goodrich & Keith Erickson	
1965 – Keith Erickson	
1966 – Mike Lynn	
1967 – Lynn Shackelford & Bill Sweek	
1968 – Jim Nielsen	
1969 – Bill Sweek	
1970 – Sidney Wicks	

Bruin Hoopster Award

Originated for the 1960-1961 season.

Annual award to the member of the U.C.L.A. varsity basketball team considered to be the most unselfish team player.

The winner will be selected by a committee of Hoopsters appointed by the president.

Presentation will be made at the annual basketball banquet by some appointed Hoopster.

1961 - Bill Ellis
1962 - Pete Blackman
1963 - Fred Slaughter
1964 - Jack Hirsch & Fred Slaughter
1965 - Kenny Washington & Freddie Goss
1966 - Doug McIntosh & Wyn Kelley
1967 - Mike Warren
1968 - Mike Warren
1969 - Lynn Shackelford
1970 - Steve Patterson
1971 - Steve Patterson & Kenny Booker
1972 - Keith Wilkes

1973 - Tommy Curtis
1974 - Ralph Drollinger
1975 - Ralph Drollinger

Armand Award (Originated 1956)

To freshman basketball player rating high in playing time, scholastic attainment to date.

1956 – Robert Archer

1957 – Brian Kraff

1958 – Kent Miller

1959 – Gary Cunningham + Pete Blackman

1960 – Ronnie Lawson

1961 – Fred Slaughter

1962 – Gail Goodrich & Fred Goss

1963 – Doug McIntosh + Ken Washington

1964 – Edgar Lacey + Mike Lynn

1965 – Mike Warren

1966 – Lew Alcindor

1967 – Steve Patterson

1968 – Curtis Rowe

1969 – Henry Bibby & Andy Hill

1970 – Larry Farmer

1971 – Bill Walton

1972 – David Meyers

1973 – Ralph Drollinger

1974 – Marques Johnson

1975 – Ray Townsend + Brett Vroman

"Caddy" Works Award

Awarded annually to member of U.C.L.A. basketball team for his competitive spirit, inspiration, and unselfish contribution to the team.

The recipient is chosen by the basketball coach + Dir g Ath.

Presentation is made at the basketball banquet by the recipient of the award the previous year.

1945 - Dick Hough
1946 -
1947 - John Stanich
1948 - Dave Minor
1949 - George Stanich
1950 - Carl Kraushaar
1951 - Ed Sheldrake
1952 - Don Johnson
1953 - John Moore
1954 - Don Bragg
1955 - John Moore
1956 - Allen Herring
1957 - Dick Banton
1958 - Jim Halsten
1959 - Walt Torrence
1960 - Pete Blackman
1961 - John Berberich
1962 - Gary Cunningham
1963 - Walt Hazzard

1964 - Walter Hazzard
1965 - Gail Goodrich
1966 - Freddie Goss
1967 - Discontinued

坏习惯很难纠正

每个赛季，罚球命中率最高的棕熊队球员会被授予鲍勃·"王牌"·卡尔金斯纪念奖（the Bob "Ace" Calkins Memorial Award）。罚球得分在整场比分中占有很大的比重，特别是在某些关键时刻，罚球命中与否直接关系着比赛的最终结果。

因而，我非常重视罚球训练（参考下文的笔记内容）。但历年来获得王牌·卡尔金斯奖的名单却不得不提醒我一个令人震惊的事实：作为一支球队来说，我在中南本德高中执教的球员的罚球水平要比 UCLA 的球员高。你或许会觉得很不可思议，但其实原因很简单。

在南本德，我教导并坚持唯一的一种罚球方式，双手不过肩。尽管今天已经没人再这么干了，但我依旧认为这是最有效的姿势。

我说服了南本德初中的教练，让他们教导球员这一方法。所以，当年轻人进入南本德高中部时，他已经学会了我认为正确的罚球姿势。这些高中生在罚球方面没有需要我纠正的坏习惯或者个人风格。我要做的仅仅是帮助他们进一步完善罚球技巧——他们已经学会了正确的姿势——这样效率更高。

而在 UCLA 情况却刚好相反。这些年轻人在经历过初中和高中的篮球项目洗礼之后，进入大学时，罚球姿势已经成型——简直是五花八门。我想要再做调整既费时又费力。一些罚球习惯——通常来说是坏习惯——已经扎根太深。

　　这些罚球的坏习惯很难纠正。延伸到个人品格层面，坏习惯就更难拔除，尤其是在涉及成功金字塔和我在本书第四章"良好的价值观吸引优秀的人"中所讨论的那些个人特质。

Ace Calkins Award
Sigma Pi Fraternity - Free Throw Trophy

Awarded to the varsity player who makes the highest percentage of his free throws. The winner must average at least one shot per game.
Presentation at the basketball banquet by a representative of Sigma Pi.

1949 -	Paul Saunders	27 out of 36 =	75.%
1950 -	Jerry Norman	30 out of 37 =	81.1%
1951 -	Richard Ridgway	153 out of 188 =	81.4%
1952 -	Ronnie Livingston	85 out of 102 =	83.3%
1953 -	Richard Ridgway	42 out of 53 =	79.24%
1954 -	Eddie White	27 out of 30 =	90.0%
1955 -	Eddie White / Dave Hall	55 out of 69 = 22 out of 25 =	79.7% 88.%
1956 -	Willie Naulls	185 out of 236 =	78.4%
1957 -	Ben Rogers	109 out of 134 =	81.3%
1958 -	Ben Rogers	74 out of 99 =	74.7%
1959 -	Walt Torrence	165 out of 218 =	75.7%
1960 -	Gary Cunningham	45 out of 54 =	83.3%
1961 -	Gary Cunningham	70 out of 86 =	81.4%
1962 -	Gary Cunningham	86 out of 104 =	82.7%
1963 -	Jack Hirsch	69 out of 95 =	72.6%
1964 -	Walter Hazzard	150 out of 209 =	71.8%
1965 -	Doug McIntosh	56 out of 76 =	73.9%
1966 -	Kenny Washington	78 out of 104 =	75.0%
1967	Lynn Shackelford	55 out of 67 =	82.1%

我不会天真地以为只要球员天赋异禀，我就可以改变他在更重要的领域里的那些坏习惯。

如果谁有不好的习惯，在决定是否将其纳入团队时，高效的领导者应慎之又慎。在你纠正他们的坏习惯之前，他们很可能已经把你团队里的其他人都带坏了。

最有价值的球员？让球队自行去决定

正如我在本书第十二章"让每个人都能够有所成就"中提及的，我反对一定要选出某个"最伟大的"球员。即便到了今天，我还是不会去提名谁是我执教过的"最伟大的"选手。实际上，关于是否真的存在"最伟大的"球员或"最伟大的"球队这种事，我一直持怀疑态度。

之前我也解释过原因，我永远不会将某位选手的球衣号码退役，这件事情意味着身披这个号码的球员就是有史以来最伟大的球员。将某个人的名字和退役的球衣号码联系在一起，无疑忽略了其他人的努力和贡献——这些人也曾身披同样的号码。这点违反了我的领导力理念和团队精神。除此之外，无论是在团队还是组织内部中，选出最优秀的人对领导者来说都是一种极大的压力。

我在 UCLA 是这样处理的：每个赛季结束后，全队可以自行投票，选出他们心中认为最有价值的选手。通过我的笔记你会看到，这一奖项始于 1967 年（代替了"球童"工作奖），当年的获奖选手是小费德南迪·刘易斯·阿辛多尔（卡里姆·阿卜杜尔·贾巴尔），然后是西德尼·威克斯、比尔·沃顿和戴维·迈耶斯——这些选手都名副其实。

通过这种方式不仅能够令那些最优秀的贡献者——全美最佳阵容选手——获得认可，同时也将其队友纳入整个认同体系中。他们共同决定了谁是"最有价值的"球员，并公开宣布。我认为这么做或许会减少球队中羡慕甚至是嫉妒的情绪。球队里的每一名成员都有权利去认定和选择他们心目中"最有价值的"球员。

最近，一位船运行业的大企业经理表达了她的忧虑："尽管我们做了我们该做的所有事，大部分员工和组织之间依旧没有多少实质的关联，他们不会真正地对组织忠诚。"她谈及公司员工缺乏忠诚度，想知道如何去改善这一情况。

当然，面临同样问题的不仅仅是这位经理，要让组织内部成员站在"我们"而非"我"的立场上思考问题，这绝非易事。实际上，它往往是领导力所面临的最为严峻的挑战。

忠诚不是个小事，而我会通过一种简单的办法来培养忠诚度：允许团队成员选出他们认为对团体贡献度最高的人。

对比一下，如果让主教练或老板去选择并公布最有价值的个人，尽管团队成员或许会同意你的决定，但这么做的话恐怕会招致不少人的怨恨。

任何一个优秀的组织内部都有其业绩标兵。而作为一名领导者的挑战在于，如何找到平衡，既赋予优秀个人应有的认同，又不至于引发团体内部其他成员的负面情绪。我应对这一挑战的方式是：让团队自行选出他们心目中最优秀的那个人——"最伟大的"选手——并赋予他荣耀。

UCLA · Most Valuable Player Award

(First awarded in 1967 to replace the Caddy Works Trophy)

1967 – Lewis Alcindor
1968 – "   "
1969 – "   "
1970 – Sidney Wicks
1971 – "   "
1972 – Bill Walton
1973 – Bill Walton
1974 – Bill Walton
1975 – David Meyers

我的接替者随时可以就位

1972 年赛季的第八周，我因为心脏出了些问题需要住院。没人预料到这种事，大家都非常意外。

但令我倍感自豪的是，即便我缺席了两周，球队的运行一如既往，没出岔子。棕熊队之所以能够持续保持高水准的发挥要归功于我的助理教练们——加里·坎宁安和弗兰克·阿诺德——他们肩负起了领导职责。他们了解我的一整套执教体系，知道它是如何运作的。

我任命加里为代理主教练。下面是一份我缺席期间的训练日程安排，综合了两人的计划，你可以看到笔迹都是不一样的，但其训练内容和本质和我算是一脉相承。真正致力于团队福祉的领导者不会让自己变成无法替代的人。1977 年，加里被任命为 UCLA 的主教练，他做得非常不错。

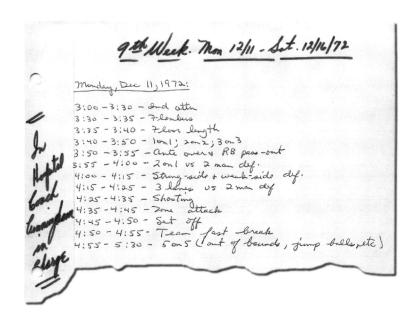

当然，我无法预先知晓会需要人替代自己一段时间，但在执教过程中，我会全方位调动助理"领导者"们的积极性，让他们全身心地参与进来，这意味着哪怕有人替代了我，球队依旧可以发挥正常水平，不会因为我的离开，一切就开始分崩离析。

你的助理领导者是谁？你是否给了他们机会去学习和成长为一名领导者？一旦你出了什么事，是否有人随时能够接替你的权柄？抑或，你是否认为组织内部可能会接替你的某人对你构成威胁?

盖个盖子

还记得之前提到的"假想球"训练吗?球员们执行战术跑动或进行投篮时不持球。这一训练强制球员集中磨炼基本技巧,而不是把注意力放在凭借这些基本技巧而得到的结果上,例如投篮得分。

我还会安排一种不太常见的训练方式来培养球员抢篮板球的好习惯——基础动作。同样,这一尝试源于我想尽可能地高效利用时间。典型的抢篮板球训练通常会包含 6 名球员——3 名防守球员对抗 3 名进攻球员,他们分别在篮下找好自己的位置,而教练则会从中线外投篮。

显然,如果篮球没有碰到篮板后回弹——直接穿过篮圈,则谈不上什么抢篮板球的练习。因此,偶尔我们会在练习抢篮板球的时候用一个盖子盖住篮筐,这样一来,每次投篮都必定会创造一次篮板球机会。(盖子需要另行购买,鉴于我非常注重控制成本,有人开玩笑和我建议说:"教练,想要篮板球的话你大可以让谁谁谁去投篮。"当然,"谁谁谁"指的是投篮命中率较低的那些球员。)

当篮球撞上篮筐时,意味着我们的篮板球训练就可以开始了。只要我们把篮筐盖起来,每一次投篮都势必会形成篮板球,这样一来训练就会一直持续下去,不会被打断。从理论上讲,这是一个纯粹的教授和学习的过程,由于球不会进入篮筐，我们节省了重新来过的时间。可以不断地去尝试。

在第十章"让你的每一天都成为杰作"中，我强调了高效管理时间的重要性。据我个人的经验，这一目标的实现并非一蹴而就，而是通过一点一滴的效率积累。因此，我一直坚持寻找机会——哪怕是很小的机会——在有限的时间里最大限度地提升棕熊队的训练效率。给篮筐盖一个盖子就是其中一个示例，我力求从每一分钟里挤出更多的时间。

坦白说，给篮筐盖盖子这种训练方式并没有持续太久，因为我发现从盖子上回弹出来的篮板球和比赛中撞击到篮板或篮筐上形成的篮板球还是有很大的不同。不过，我之所以举这个例子是想证明，我一直在试图寻找更加有效地利用时间的方式，从而提高教学效果，让球队进步。

通常来讲，组织内部中存在多种形式的进步机会，我们只是没能抓住它们罢了，这说明我们还不够努力，在这一过程中还不够有创建性。永远不要停止，争取抓住每一次机会，在你的组织中，让每一分钟发挥更大的价值。哪怕机会很小，但一点一滴积累起来，终究会带来巨大的改变。

作为一名领导者，你在寻求"我们该如何进步？"这一最关键的问题的答案的过程中，一定要勇于实践，保持积极主动。其中一些答案，例如"假想球"会奏效；而其他答案或许很快就会被摒弃，就如同我放弃了用盖子盖住篮筐。

但对于进步的渴求和为取得进步所做的一切努力——我永远不会摒弃。

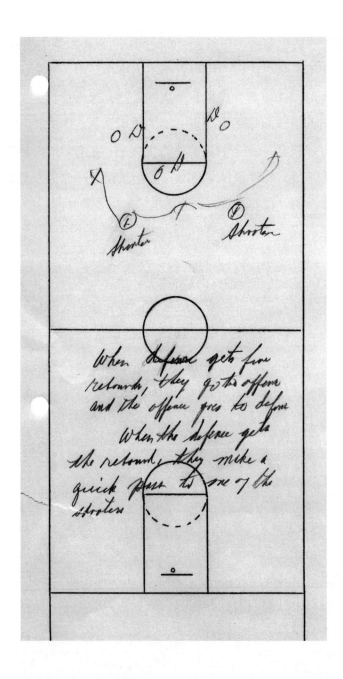

我最后一个赛季的笔记

当我回顾执教 UCLA 初期的训练笔记内容，并将其与许多年之后的笔记内容做对比时，我惊讶地发现，这两个时期球队所取得的成就是不相上下的。

这些年里，通过不断提升自身的能力，力求从每一次训练中获得更多的进步，我清楚地了解哪方面工作需要重点对待：球员的身体状态、情绪状态和心理状态——如何在最短的时间内对这些方面作出必要的调整，我越来越擅长这些。

以下展示的是 1974—1975 年赛季的一页笔记内容，那是我担任 UCLA 主教练的最后一个赛季。这里要做一点背景说明，部分媒体人士宣称此前的三个赛季是"沃顿天团"的时代——比尔·沃顿和他的队友们。他们那一届，UCLA 捧回了两座全美总冠军奖杯，创造了 88 场连胜纪录，最终惜败于圣母大学。

因而，在比尔和他同年的大四队友们毕业后，不少评论人员认为 UCLA 已经不具备争夺 1974—1975 年赛季全美总冠军的能力。其中一个理由是，我们仅有一名回归的首发球员戴维·迈耶斯。

就我执教的最后一个赛季而言，我认为球队的潜力要远高于众人所想。当然，潜力这种东西如果不发挥出来就没有意义。从笔记中可以看到，针对 1974—1975 年赛季，想要发挥出球队的潜力，某些领域需要格外关注。

这些领域包括：帮助皮特·特里戈维奇（Pete Trgovich）和拉尔夫·德罗林（Ralph Drollinger）建立信心，给予他们支持；指导安德烈·麦卡特（Andre McCarter）践行我的准则，"动作要快，但不要慌"；委任戴维·迈耶斯为一整个赛季的球队队长（理由如前所述）；确保马圭斯·约翰逊（Marques Johnson）的身体状态，他刚从一场持续了数月的病痛中恢复；提醒我自己保持耐心，但要严格执行纪律（我怀疑上个赛季这方面有所松懈）；最重要的是，告诫自己忘记过去，专心致志于眼前，不断计划、努力、评估、做准备。

这些内容是我为自己准备的，它们仅仅是一个起点、一份指南，指引接下来每天的具体训练。下面你会看到 1974 年球队第一天训练的日程安排。

大部分我认识或曾向其学习的高效教练在制订计划时都有一套相似的方法。和大多数领导者一样，我也希望自己一开始就能够预料到结局。在打造一个成功的组织的过程中，也许本书所讨论的内容能够让你节省一些时间，避免走一些弯路。优秀的领导者从不停止追求进步——从不。以下这张列表可以作为一个范例，当我问自己"我们今年该如何取得进步？"——它就是我的答案。

某种意义上来说，这些内容为我在 UCLA 执教的最后一年提供了一个起点——一份指引。它能够帮助我们拿下总冠军。

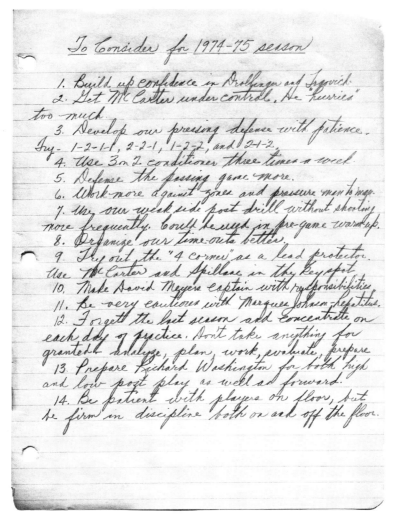

我执教最后一年的第一天

依照惯例，10 月 15 日是 UCLA 篮球队每个赛季开始训练的第一天。1974 年 10 月 15 日，是我作为主教练执教棕熊队最后一个赛季的第一天训练。尽管当时我并不知道自己年底就会退役。

　　以下是我在最后一个赛季的第一天所做的笔记。回顾这

<u>First Week of Practice</u>
Tuesday, Oct. 15, 1974

300-330- Individual attention and free throws.
Wooden with guards, Cunningham with forwards

330-335- Stretching, twisting, bending, squatting, running
in place; Imaginary— jump shots (quick set, fake drive
and set), offensive rebounding (right and left hand tip, two
hand-pump-power); defensive rebounding (jump and jerk,
cross over + turn or reverse turn for checkout and go);
defensive sliding (5 lines of 3)

　　335-340- Change of pace + direction; quick starts + stops
(with + without ball); defensive sliding with quick
turns and catch up; one on one (with + without ball).
(3 lines)

　　340-350- Dribbling (right + left handed) - speed, control,
maneuvering; stops + turns (both feet) with pass back.
(3 lines)

　　350-355- Ante-over; Rebound + pass out (5 at a basket)
355-405- 3 man lane - parallel line, thru middle, front + side.
405-415- Jump shooting (base line, board, key area,
fake the drive + pull up) (3 groups - 2 balls with each)
415-425- 3 on 2 work for 15 foot jumpers.
425-440- 1-3-1 offensive patterns
440-445- Get ready for scrimmage
445-530- Full court scrimmage with officials.
3 games of 15 minutes each (1 vs 2, 1 vs 3, 2 vs 3) Keep
complete statistics. Those not scrimmaging shooting free
throws.
　　530- To shower on a happy note.

些笔记内容时，我很欣慰地发现自己仍旧在坚持对细节的甄别和完善。逐条阅读这些细节或许会令你感到头疼，但我会露出满意的笑容。

罚球要不断取得进步，因而我们会在这方面投入时间和精力。此外，我们还会进行假想跳投和抢篮板球训练、变速和变向训练、快速启动和急停训练、三打二战术训练、左右手运球训练、1-3-1 型防守模式训练等。

我还会开展全场对抗练习，有裁判员参加的那种，因为我认为这有利于球员为即将到来的本赛季第一场比赛做好准备。正如前文所述，当比赛正式开始后，这种全场对抗训练就不会进行得那么频繁了。

另外，这些笔记内容还显示了我对自己的一个提醒，训练要在 5：30 结束，气氛要轻松愉悦。我希望球员在离场时都能有一个好心情，为此我会专门设计一项训练。例如，我会选择一位球员连续罚 5 个球，之后再解散球员，让球员去冲澡。

当然，所有球员都会聚集过来，无论是欢呼也好，喝倒彩也罢——这取决于罚球球员的发挥。这种方式不但提振了大家的精气神，同时也令训练得以以一种欢快的形式收尾。除此之外，让那些不太擅长罚球的选手在压力下练习投篮，效果也会更加明显。

这个想法实际上借鉴了我在本书第十一章"胡萝卜比大棒更管用"中提及的理念。我希望球员在结束一天辛苦的训练后能保持一个好的心情，而一个轻松愉快的结尾就是根很好的胡萝卜。

当然，偶尔——当我认为球员在训练时没有尽力时——我会摈弃这种"轻松愉悦"的训练收尾形式。与此同时，我会传达一种信息，也许是严厉的警告，仿佛一根大棒悬在头顶，足以让他们惴惴不安一整夜。

应对不断变化的挑战

随着时间的推移，挑战也在不断变化。高效的领导者能够明确新的情况，并快速做出适时的应对。

以下是 UCLA 第十六周的训练笔记，那是我执教的最后一个赛季，具体的日期是 1975 年 1 月 28 日，我尝试去明确那些值得注意的挑战和问题。

你可以看到，我将训练划分为 5 分钟和 10 分钟的小节，专心致志于训练四人快攻（4:30—4:35）；罚球命中后展开 1-2-1-1 型紧逼战术（4:35—4:40）；3-1-1 陷阱 [①] 和拖延战术、四角拖延战术（4:40—4:50）；半场对抗练习和 1-2-2 及 2-3 型区域联防（4:50—5:00）。

如果你不是篮球迷，你可能会觉得这些训练安排毫无意义。我这里想要表达的观点是：以发展进步的眼光去看待和分析个体的发挥意味着每天都要去解决新情况、新问题。这

---

① 篮球术语，指两名防守球员包夹持球人，以期制造一个失误或令对方跳投。——译者注

一页笔记内容所显示的，就是我想要强调和改善的情况与问题。

在训练结束时——也就是 5:30，我会让球员连续投两个罚球，然后才可以去冲澡。训练到那会儿，实际上每位球员都已经奋战了长达两个小时（或者更长的时间），他们都想回更衣室。当然，我很清楚这一点，这也正是我要求他们连续投两个罚球之后才能下场的原因，我要利用好这一情形。在他们已经非常疲惫的时候还强迫球员投两个罚球——他们很有可能会在总决赛的最后几秒钟里面临同样的情况。

提醒自己重要的事情

　　我会将强有力的领导力所必需的素质和性格特征纳入考量范围。当然，我置于成功金字塔中的那些内容是最为重要的，但我也会持续不断地评估其他我认为重要的素质。我还会记录有见地的、涉及重要特质的语句或想法。亚伯拉罕·林肯和特蕾莎修女的作品为我指引了方向，它们给予我力量，在本书中你也会领略到他们的智慧。

　　最后这一篇后记包含了我多年前记录下的一些观点。

Giving-Receiving
Giving-Receiving

Conquer fear of mistakes

Words of Giving

Love — love is patient, love is not jealous or boastful, it is not arrogant or rude, It does not insist on its own way;

So faith, hope, love abide, these three; but the greatest of them is love.
You can give without loving, but you can't love without giving;

Courtesy
Politeness — are a small price to pay for the good will and affection of others

Sympathy — Consider the rights of others before your own feeling, and the feelings of others before your own is no fail. — True concern for others

Friendship — mutual esteem, respect & devotion

Cooperation — meeting more than halfway

Loyalty

Thinks

Mercy — "merchant of venice"
— is twice blest: it blesseth him that gives, and him that takes.

Sharing. "vision of Sir Launfal"
It's not what we give, but what we share,
For the gift without the giver is bare,
Who gives of himself with his alms feeds three.
Himself, his hungering neighbor, and me."
Widow's mite.
Respect

Square your life away by getting the following things in order 1. Your faith
2. Your family
3. Your education
4. Your basketball
5. Your social life

后　记

无论手上的人才多寡，领导者的目标始终如一。

大多数领导者对成功的定义就是赢——打败对手，在市场竞争中占据优势地位，完成生产指标或销售目标。然而，想要实现以上任何一个目标，人才都是必不可少的。领导者无法凭空打造出一支具有竞争力的团队。良才美玉在手，教练才能一直赢下去，领导者才能够在市场竞争中取得成功。

想要在竞争舞台上傲视群雄，你的团队里必须有人才。但很多领导者并不清楚要如何获取胜利，哪怕其组织内部卧虎藏龙。此外，领导者还经常会在人才配备不合意的情况下被迫参与竞争。如果是你，你会怎么做？

　　一本书当然不能代替人才，但它可以为你提供有价值的观点，教你如何最有效地用好手中的人才。在我看来，这是领导力的首要目标，即充分发挥组织内部成员的力量，无论人才多寡。

　　一名伟大竞争者和领导者的标志之一，就是能够最大限度地挖掘追随者的潜能，充分发挥他们的能力。某些年头，我执教的队伍人才济济；其他时候，情况则正相反。但无论人才多寡，我的目标都是一样的：充分利用好现有的一切。本书所分享的正是我的这种理念。

　　我还想再次强调，父亲朴实的智慧对我的领导力理念影响颇深。他的榜样和话语曾经——哪怕到今天也同样——令我充满力量。我之前曾罗列过他的"两个三不"原则，并引用了他对于成功和赢得比赛的建议。我小学毕业时，他还曾给过我一张卡片，上面写着他自创的"七个信条"。

　　尽管我没有在书中明确列出这"七个信条"，这些内容实际上贯穿于始终。请允许我在最后和你们一同分享：

　　（1）直面真实自我。

　　（2）让每一天都成为你的杰作。

　　（3）乐于助人。

　　（4）善于从优秀的作品中汲取养分。

　　（5）珍视友谊。

　　（6）未雨绸缪。

（7）祈求指引，并感谢每一天的恩典。

父亲递给我那张 3×5 英寸的卡片时，告诉我说："约翰，照着上面的建议去做，你会顺利的。"无论是在我的个人生活、我的教学和执教生涯中，还是作为一名领导者在履行职责时，我都努力去遵循父亲的告诫。父亲对我的影响在本书中随处可见。

就领导力而言，没有什么"放之四海而皆准"的原则。领导者五花八门、风格各异，天赋和性情也各不相同。即便如此，我还是希望你能够从我的个人经验和总结中学到一些东西，从而令你和你的组织受益。

亚伯拉罕·林肯曾说："每个人都有我值得学习的地方，尽管多数时间我没有做到这一点。"这里探讨的仍旧是学习。毫无疑问，本书的宗旨也是希望读者可以从我作为一名老师、教练和领导者的亲身经历和想法中学到一些东西——尽管有时候这一目标并未达成。我曾经也犯过错，但这一路走来我仍旧努力寻求进步。作为一名领导者，在寻求进步的过程中，或许本书中的某些内容能够启发你通过自身努力做出改变。

也是出于上述目的，我和史蒂夫·贾米森计划将我的领导力理念进行一次整体而全面的展示。在近半个世纪的时间里，这套理念令我在竞争领域受益匪浅，尽管我们的周遭一直在发生变化，但我仍坚信，在 21 世纪这套理念同样会奏效。有些事情亘古不变。有些规律始终如一。